다시, 나로 빚어지는 중입니다

다시, 나로
빚어지는 중입니다

이경보 에세이

책나무

프롤로그

내 삶의 계절들, 그 숱한 '시작'들 속에서

"현실은 막장 드라마보다 더 막장이야."

한 지인이 내게 건넨 말이다.

드라마라면 그냥 한 편 보고 잊으면 될 텐데, 이건 내 이야기다. 솔직히 두렵고, 부끄러웠다. 세상에 내 막장(?) 인생을 내보인다는 게. 여정이 막장일지라도 최종적으로 1% 부자 반열에 올랐다든가, 누구나 부러워할 성공 신화를 이뤘다든가, 아니면 적어도 아름다운 해피엔딩으로 장식했더라면.

하지만 내 스토리에는 그런 화려한 장은 없다. 다만, 넘어진 자리에서 다시 일어나고, 흔들리는 날에도 한 발 한 발 버텨 온 이야기들이 있을 뿐이다. 무엇보다 '쓴다'는 것과 '드러낸다'는 건 전혀 다른 차원의 일이다. 자신을 써 내려간다는 것도 쉽지 않았지만, 그 글을 세상 밖으로 내보내기까지는 적지 않은 망설임과 싸워야 했다.

이 책은 나의 20대 중반부터 60을 목전에 둔 지금까지, 서툴고 치열하게 살아 낸 시간들을 담고 있다.

사람들은 종종 인생을 '사계절'에 비유한다. 그 비유를 빌리자면, 1부는 뜨거운 여름이었다. 불확실한 미래에도 불구하고 꿈을 향해 모든 걸 불태웠던 젊은 시절. 2부는 혹독한 겨울이었다. 삶의 칼바람을 온몸으로 맞으며 버텨야 했던 시간. 그리고 3부에 실려 있는 지금, 50대 중반에 이른 나의 현재는 긴 겨울 끝에 찾아온 회복과 시작의 계절, 봄이다. 얼어붙었던 마음이 서서히 녹고, 다시 생기를 되찾고 있다.

그렇다면 가을은? 아직이다. 조금은 여유롭고, 조금은 너그러워진 마음으로 삶의 깊은 맛을 천천히 음미하는 시간.

사실 내 삶의 계절은 늘 그렇게 뚜렷하게 나뉘지 않았다. 어느 때는 여름 끝에 곧장 겨울로 내던져졌고, 또 어느 때는 한겨울 속에서 불쑥 봄기운이 스며들기도 했다. 계절은 늘 뒤섞여 있었고, 찬란한 햇살 속에도 그늘은 있었으며, 매서운 바람 속에서도 가끔은 꽃이 피어났다.

지나고 나서야 알게 된다. 모든 계절에는 그 나름의 배움과 이유가 있었다는 걸. 그 시간들이 내게 가르쳐 준 건, 인내였고 용기였으며, 내려놓음과 다시 움켜쥠의 지혜였다. 그리고 마침내 깨닫게 된다. 삶에서 더 본질적인 질문은 '어디에 있었느냐', '무엇을 했느냐'가 아니라, '어떤 마음으로 그 시간을 통과했느냐'라는 사실을. 삶의 질은 환경이나 조건이 아니라, 그 계절을 바라보는 나의 시선과 태도에 달려 있었다는 걸.

돌이켜 보면, 내가 내게 가장 고마웠던 순간들은 무모했지만 대가를 두려워하지 않고 도전했던 젊은 날, 버겁고 힘들었지만 끝내 견뎌 낸 나날, 두려움 속에서도 용기 내어 한 걸음 내디뎠던 그때였다.

삶은 늘 '시작'의 연속이다. 시작 앞에는 늘 설렘과 불안이 동전의 양면처럼 따라붙는다. 설렘이 이길지, 불안이 그 설렘을 삼킬지는 결국 나의 마음에 달려 있다. 지금 나는, 60을 앞두고 다시 한번 '시작' 앞에 서 있다. 젊은 날의 시작이 생의 무게를 몰랐기에 가능했다면, 지금의 시작은 넘어지고 다시 일어난 날들이 만든 '나 자신에 대한 믿음'에서 비롯된 것이다.

내가 걸어온 길은 결코 특별하지 않다. 가정과 일을 병행하며 매일을 분투해 온 워킹맘, 타국에서 '이방인'이라는 이름표를 달고 살아온 이들, 그리고 삶의 고비마다 흔들리며 자신만의 이야기를 써 온 중년의 누군가.

이 책은 어쩌면 그런 당신의 이야기와 닮아 있을지도 모른다. 결이 다를 뿐, 우리는 누구나 자기만의 치열한 서사를 안고 살아간다. 그리고 여기까지 살아온 우리 모두는 숱한 파도를 헤쳐온 생존자이자, 삶이라는 항해에서 함께 노를 젓는 동지들이다.

오늘도 일과 가정 사이에서 숨 가쁘게 달리는 이에게, 낯선 땅에서 정체성을 잃지 않으려 애쓰는 이에게, 이 책이 작은 위로이자 따뜻한 공감으로 닿기를 바란다. 그리고 무엇보다, '시작' 앞에 선 우리 모두에게 이 말을 건네고 싶다. "지금, 당신 안에는 변화할 수 있는 용기와 일상을 바꿀 수 있는 힘이 이미 충분히 있다"고. 그러니 망설이지 말고, 오늘의 한 걸음을 시작해 보자고.

차례

프롤로그_내 삶의 계절들, 그 숱한 '시작'들 속에서   4

1부 갈망, 불씨가 되어 도전으로

- 갈망의 씨앗을 품다   12
- 우연히 찾아온 뜻밖의 기회   17
- 처음 찾은 대만 땅   21
- 예정된 이별   25
- 무모함 속에 일본 유학의 문을 두드리다   29
- 꿈의 실현은 도전의 서막이었다   33
- 하루 30분, 내게 돌아온 응원의 증표   37
- 대만과 다시 이어진 인연   42
- 가슴이 알려 준 선택   47
- 안아 보지도 못하고 떠나보낸 생명   51
- 결코 닿을 수 없는 깊이와 온기   55
- 당신이 물려주신 보이지 않는 유산   59
- 아기를 품고, 꿈을 걷다   63
- 믿어 주는 한 사람의 힘   67
- 연구와 육아의 병행 끝에 만난 육체적 한계   71
- 고통을 잊게 한 몰입   75

- 기억 너머의 은혜들 80
- 무모했지만 용감했던 20대의 나에게 83

2부 대만, 나를 다시 빚어낸 시간들

- 고장 난 몸으로 시작한 대만 생활 90
- 대가족 속, 나의 대만살이 93
- 오토바이 면허, 대만살이의 첫 관문 98
- 문전박대 끝에 찾아온 기회 102
- 낯선 세계에 던져진 나 106
- 낯섦과 익숙함 사이 110
- 현모양처라는 환상 114
- 기적처럼 지나온 시간 118
- 세 언어의 틈에서 살아 내기 122
- 가장 아픈 건 무관심이었다 126
- 새벽 4시, 내 하루가 시작된다 130
- 겨울이 두려웠던 날들 133
- 열심히 하라는, 잔인한 그 말 137
- 곁에서 나를 지켜 준 조력자 141
- 삶을 송두리째 뒤흔든 회오리바람 145
- 벼랑 끝에서 명상을 만나다 149
- 일상이 멈춰 버리고 나서야 154
- 고통의 크기만큼 성장하다 158

3부 혼자서 다시, 나로

- 조용히 무너져 가는 일상들 　　　　　　　　　164
- 나답게 살기 위한 첫걸음 　　　　　　　　　　169
- 새로운 시작을 위한 결별 　　　　　　　　　　172
- 11평, 나의 첫 보금자리 　　　　　　　　　　　176
- 상상 속에 먼저 살던 집 　　　　　　　　　　　180
- 지난 상처들을 떠나보내다 　　　　　　　　　　183
- 누더기를 쓰고 슬쩍 다가온 기회 　　　　　　　188
- 설렘과 당황이 공존한, 그 첫 대면 　　　　　　193
- 타인의 이별에서 마주한 나의 이별 　　　　　　197
- 초록과 함께 시작하는 일상 　　　　　　　　　　202
- 나를 쓰기 시작하다 　　　　　　　　　　　　　205
- 마음이 머무는 곳에 내가 있다 　　　　　　　　209
- 콩국수 한 그릇의 깨달음 　　　　　　　　　　　213
- 길은, 걷는 사람이 만든다 　　　　　　　　　　217
- 비우며 비로소 채워지는 삶 　　　　　　　　　　222
- 죽음 곁에서 삶을 되묻다 　　　　　　　　　　　226
- 부부라는 매듭을 풀어내다 　　　　　　　　　　230
- 또다시 '시작' 앞에 서다 　　　　　　　　　　　235

에필로그_나는 날마다 · 나의 정원사로 살아갈 것이다　　237

1부

갈망, 불씨가 되어 도전으로

나의 갈망은 결핍에서 비롯되었다. 그 갈망은 내 안에서 결코 사라지지 않았다. 오랜 시간, 아무 말 없이 내 안 어딘가에 숨죽여 기다리고 있었다. 그 누구도 몰랐다. 심지어 나조차도. 그 조용한 갈망이 언젠가 내 삶의 방향을 완전히 바꿔 놓게 될 줄은. 정말, 아무도 몰랐다.

• 갈망의 씨앗을 품다

　나폴레온 힐은 말했다. "모든 성취의 시작은 갈망이다."라고. 그리고 나의 갈망은 결핍에서 비롯되었다.
　내가 중2이던 해, 아버지가 세상을 떠나셨다. 술을 벗 삼다 삶을 마감한 아버지가 남긴 것은 빚뿐이었다. 친척들에게 진 빚, 바닥을 드러낸 살림살이. 쉰도 되기 전에 어머니는 혼자 자식 넷의 생을 떠안으셨다. 밭일에 지친 몸을 이끌며 하루하루를 버텨 내야 했던 어머니의 삶.
　그 시절의 나는 아버지 없는 삶이 불편하지 않았다. 솔직히 말하자면 해방감을 느꼈다. 어머니의 고단한 생활 역시 특별히 불쌍하다고 느끼지 못했다. 태어나 보니 어머니는 늘 그렇게 살아오고 계셨고, 우리 집은 늘 그랬다. 그래서인지 내 유년과 청소년 시절이 특별히 초라하거나 불행하다고 느낀 기억도 없다. 갑자기 가난해진 것도 아니었고, 가난은 늘 내 곁에 있던 일상의 모습이었다.

의문은 익숙함 속에서 사라진다. 오랫동안 같은 온도의 삶에 노출되면 감각 기관은 둔해지고, 의문을 품을 기회조차 사라진다. 어머니가 얼마나 큰 짐을 짊어지고 사셨는지, 자식 넷을 혼자 키운다는 게 얼마나 고된 일인지 그때는 진지하게 생각해 본 적이 없었던 것 같다. 그리고 나는 어머니를 한 여성으로 바라본 적 없이 그저 어머니로만 여겼다.

하지만, 시간이 흐르고 나 또한 가정을 꾸리고 낯선 땅에서 삶을 일구어 가면서 어려움에 부딪힐 때마다 문득 책상 위에 있는 어머니의 사진을 바라보곤 했다. 그럴 때마다 어딘가에서 어머니의 목소리가 들려오는 듯했다.

"이까짓 거, 두싱거 경 힘들어게?"(이까짓 게 뭐가 그리 힘들다고 그래?)

내가 고3이던 어느 날이었다. 복도에서 마주친 담임 선생님이 나를 교무실로 데려가서 앉혀 놓고 다짜고짜 말했다.

"우리 경보는 얼굴도 예쁘고, 마음씨도 착하고…. 입시 준비 잘하고 있지?"

"아, 저 대학 안 가요."

"왜?"

제주대 영문과를 갓 졸업한 20대의 영어 선생님. 유난히 컸던 그 눈이 내 대답에 휘둥그레졌다.

"우리 집… 돈 없어요."

"돈 없으면 공부 못 해? 낮에 일하고 밤에 공부하는 야간대 가면 되잖아. 그렇게 하며 공부하는 사람 많아."

선생님의 그 한마디는 내게 한 줄기 빛처럼 다가왔다. 왜 진작 야간대를 떠올리지 못했을까. 자신이 바보스러웠다. 벅찬 마음으로 집에 돌아온 나는, 마침 집에 와 있던 오빠와 어머니 앞에서 용감하게 말했다.

"저, 야간대 갈래요. 낮에 일하고 밤에 공부하는 야간대요."

그날 벌어진 일은 지금도 내 기억 속에 온전히 남아 있지 않고 단 두 장면만이 또렷할 뿐이다. 야간대에 가겠다는 말을 꺼낸 후 실랑이가 벌어졌고, 내가 울면서 맨발로 친구 집으로 달려간 것. 그리고 다음 날, 나를 데리러 온 오빠와 조용히 대화를 나눈 것. 그 외의 장면은 모두 흐릿했다.

그러다 15년이 흐른 어느 날, 어머니가 이렇게 말씀하셨다.

"내가 지금껏 살아오면서 내 새끼를 때린 건 딱 한 번이야. 그날, 고3이던 너를 때린 거지."

"저를요?"

"야간대 간다고 하던 날 말이야. 기억 안 나니?"

기억 저편에 묻혀 있던 그 장면은 아마도, 내가 너무 큰 충격을 받아 지워 버린 듯하다. 엄마에게 뺨을 맞은 일이라니. 그 충격이, 스스로도 감당하기 어려웠던 건 아니었을까.

결국 야간대 진학에 대한 생각은 그날로 접고, 고등학교 졸업 후 곧바로 취업했다. 상업고를 나온 나의 첫 직장은 주산학원. 고3 겨울방학 때 학습지 판촉 아르바이트를 하면서 성과가 좋아 소위 스카우트된 곳이었다. 그 학습지 회사의 사장님이 경영하는 주산학원이었다. 거기에서 2년 정도 일한 후 다른 주산학원으로 옮겼고, 그다음엔 제약회사에서 비서로 일하기도 했다.

주산학원에서의 일은 나쁘지는 않았지만 체질에 안 맞는 점이 있었다. 문제를 외치고, 계산을 채점하며 반복되는 나날들.

"삼백오십칠만 육천이백사십삼 원이요…."

특유의 억양으로 계속 숫자를 불러야 했다. 목소리가 가늘었던 나는 끝내 성대에 피가 날 정도로 무리를 했고, 그때부터 허스키한 목소리는 내 평생의 흔적이 되었다.

직장을 다니면서도 배움에 대한 갈망은 내 안에서 사라지지 않았다. 퇴근 후 꽃꽂이, 기타, 피아노, 일본어, 중국어…. 내 범위에서 접할 수 있는 건 이것저것 시도해 보았지만, 나의 갈증은 좀처럼 해소되지 않은 듯하다.

길거리에서 대학생이 된 고등학교 동창들과 마주치면 마음속 깊은 곳에서 부러움이 올라왔다. 그들이 옆구리에 끼고 있는 두꺼운 전공 서적조차 내겐 선망의 대상이었다. 가끔 그들이 대학 친구들을 소개해 주겠다며 주점에 부르기도 했지만,

그럴 적마다 속으로 이렇게 중얼거렸다.

"공부하러 대학 갔으면, 공부나 하지. 왜 맨날 술이야…."

내 안에는 늘 진학하지 못한 아쉬움, 배움에 대한 깊은 목마름이 자리하고 있었는데, 왜 나는 졸업해서 자립한 후 야간대에 도전하지 않았을까. 한 번 포기한 뒤, 스스로 그 문을 닫아 버린 걸까.

하지만 그 갈망은 내 안에서 결코 사라지지 않았다. 오랜 시간, 아무 말 없이 내 안 어딘가에 숨죽여 기다리고 있었다. 그 누구도 몰랐다. 심지어 나조차도. 그 조용한 갈망이 언젠가 내 삶의 방향을 완전히 바꿔 놓게 될 줄은. 정말, 아무도 몰랐다.

• 우연히 찾아온 뜻밖의 기회

 삶에는 가끔 아주 조용히 다가와 문을 두드리는 기회가 있다. 때로는 눈치채지 못한 채 흘려보내기도 하고, 알아차리고도 망설임 속에 놓쳐 버릴 때도 있다. 하지만 아주 작고 소박해 보이는 그 한순간이 인생의 방향을 바꿔 놓는 기적이 되기도 한다.
 스물네 살, 내 인생에도 그런 기회가 찾아왔다. 그 무렵 나는 일본어능력시험 1급을 취득하고, 외국인 전용 토산품 가게에서 일하고 있었다. 1990년대 제주는 아름다운 자연 경관 덕분에 외국인 관광객으로 늘 북적였고, 그중 80% 이상이 일본인이었다. '일본어 하나만 잘해도 먹고사는 데 문제없다'는 말을 믿고 있었을까, 나는 퇴근 후 일본어 학원을 다니며 묵묵히 공부했다.

그 토산품 가게에 들어가 얼마 지나지 않은 어느 날, 사장님이 불쑥 신입사원인 내게 말했다.

"요즘 대만 손님들 많아졌어요. 중국어도 좀 배워 봐요. 우리 직원 중 아무도 중국어를 못해서…."

학원비 절반을 내준다는 회사의 권유도 있었고, 사장님의 제안을 뿌리치지도 못해 중국어 공부를 시작했다. 하지만 인생은 때때로, 무심코 넘긴 문턱에서 시작된다.

중국어를 배우기 시작한 지 세 달쯤 되었을까. 어느 아침, 가게 안은 대만 관광객들로 북적이고 있었다. 나는 신입사원이라 가격대가 낮고 그다지 인기 없는 코너를 맡고 있었기에 비교적 한산했다. 그때, 세 명의 대만 남성이 내 쪽으로 다가왔다. 그중 한 사람이 일본어를 할 줄 알았고, 나는 어설픈 일본어와 막 배운 중국어로 대화를 이어 갔다. 그들은 진열대에 나열된 상품보다 내게 더 관심이 있는 듯 보였다.

"언제부터 일했어요?"

"몇 시에 퇴근해요?"

나는 어색하게 웃으며 대충 대답했지만, 옆에 있는 상사 언니들의 시선이 따갑게 느껴졌다. 그 불편함을 눈치챘는지, 그들은 몇 가지 상품을 구매해 주었고, 가게를 나가기 전에 서둘러 내게 명함을 내밀며 말했다.

"오늘 밤, 시간 괜찮으시면 근처에서 차 한잔 어떠세요?"

세 장의 명함엔 변호사와 검사라는 직함이 각각 적혀 있었다. 퇴근 시간이 다가오면서 호텔 로비에서의 약속 장소에 나갈까, 말까 망설였다. 결국 나는 그곳으로 발길을 향했다.

그날 밤, 우리 넷은 바다가 내려다보이는 도로변에 서 있었다. 종이컵에 담긴 커피를 들고, 커피숍도 아닌 사람들 사이 한복판에서 이야기를 나누었다. 무슨 이야기를 나누었는지, 지금은 다 기억나지 않지만 그들과 이야기를 나누던 중 나는 불쑥 이렇게 말했다.

"대만에서 공부하고 싶어요."

계획한 적도, 깊이 생각해 본 적도 없던 말이었다. 그런데 그 순간, 그 밤, 그들과의 대화 속에서 그 말은 마치 오래 준비된 문장처럼 내 안에서 자연스레 흘러나왔다. 스스로도 놀랄 만큼 그것은 진심이었다.

그 진심이 닿았던 걸까. 얼마 지나지 않아, 그들로부터 대만 어학 연수 자료가 도착했다. 입학 원서와 학교 소개 책자. 인터넷도 드물던 그 시절, 유학은 여전히 먼 이야기였지만 나는 단 한 치의 망설임도 없이 신청서를 작성했고, 그해 겨울, 대만행 비행기에 올랐다.

지금 돌아보면, 그저 물품을 정리하고 판매하던 평범한 하루가 내 삶의 궤도를 송두리째 바꾸는 전환점이 되었다. 어쩌면 그것은 '기회'라기보다 내 안에 오래도록 눌려 있던 '갈망'이 마침내 빼꼼히 열린 문 하나를 알아본 것이었는지도 모른다. 운명을 바꾸는 건, 거창한 계기가 아니다. 그저 마음 깊은 곳의 간절함에 작은 용기를 더한, 아주 사소한 선택 하나일 뿐이다.

• 처음 찾은 대만 땅

제주의 하늘은 언제나 푸르렀다. 별빛이 수놓은 밤하늘, 손에 닿을 듯 가까운 바다, 그 속을 가르며 불어오는 청명한 바람. 그러나 그토록 아름다운 제주는 언젠가부터 나를 옭아매는 족쇄처럼 느껴지기 시작했다. 내 안의 낡은 세포들을 새롭게 바꾸기 위해, 그곳을 떠나야 했다. 그리고 스물네 살의 겨울, 익숙한 모든 것과 작별을 하고 나는 대만, 타이베이 땅에 첫발을 내디뎠다.

도착한 지 한 달쯤 되었을 무렵, 설 명절이 찾아왔다. 학교도, 도서관도, 식당들도 모두 문을 닫았다. 갓 도착한 외국 유학생에게 그 2주는 유난히 길게 느껴지는 시간이었다. 먹을 곳도, 만날 사람도, 찾아갈 장소도 없었다. 하늘은 구멍이라도 뚫린 듯, 며칠째 비를 쏟아 냈고, 나는 침묵뿐인 방 안에서 멍하니 창밖을 바라보며 스스로에게 물었다.

"정말… 여기에 잘 온 걸까?"

책으로 배운 중국어는 길거리 어디에서도 들리지 않았다. 사람들은 중국어와 대만어를 섞어 썼고, 시장에서는 대부분 대만어가 오갔다. 내가 애써 외운 문장들은 이 도시에서 아무 짝에도 쓸모가 없었다. 그래도 나는 어학당 수업을 성실히 들었고, 남는 시간은 도서관에 앉아 공부했다. 5~8명 남짓한 소규모 반, 세계 각국에서 온 유학생들과 작은 교실에서 수업을 받았다. 내 하루는 반나절 수업과 도서관에서의 자습 시간으로 채워졌다.

학교에서 15분쯤 떨어진 곳에다 방을 구했다. 5층 건물 위에 덧댄 6층, 에어컨조차 없는 공간이었다. 여름이면 방은 찜통이 되었고, 화장품이 변질되는 일도 다반사였다. 주말 아침이라도 늦잠을 부릴 수 없었다. 더위를 피해 아침 일찍 서둘러 집을 나서 도서관이나 맥도날드에서 하루를 버텼다.

음식도 낯설었다. 기름에 볶고, 튀긴 요리들. 심지어 오이까지 기름에 볶아 나왔다. 처음엔 속이 울렁거렸고, 입맛이 없는 날은 끼니를 그냥 넘기기도 했다. 같은 어학당에 다니던 한 한국 남학생은 김치 생각에 대만 음식이 목구멍으로 넘어가지 않는다며 석 달 만에 10킬로그램이나 빠지더니, 결국 반년 만에 한국으로 돌아가 버렸다.

그즈음, 우연히 일식 철판구이집에서 아르바이트 자리를 구했다. 일본어가 가능하다는 이유로 현지인보다 두 배의 시급을 주었다. 나를 써 준 것만도 감지덕지한데 두 배의 시급을 주다니 기뻐 어쩔 줄 몰랐다.

그러나 그 기쁨은 오래가지 않았다. 중국어가 능숙하지 않아 일본 손님과 대만 직원 사이를 제대로 중재하지 못해 곧 죄책감으로 이어졌다. 그럼에도 선량한 사장님은 따뜻하게 나를 대해 주었다. 덕분에, 나는 한국에서 가져온 돈에다 알바 수입을 보태 방세, 학비, 식비를 간신히 감당할 수 있었다.

하루 식비는 100대만달러(현재 환율로 약 4,500원). 아침은 15대만달러의 빵, 점심은 학교 구내식당에서 40대만달러, 남은 돈으로 저녁을 해결했다. 아침이나 점심에 돈을 조금 더 써 버리면, 저녁은 빵 한 조각으로 끼니를 때워야 했다.

시간이 약이라는 말처럼, 조금씩 기름진 음식에도 익숙해졌고, 중국어도 일상적인 대화를 나눌 수 있게 되었다. 슬슬 마음이 놓이기 시작했다.

'열심히 하면, 대학 진학도 가능하겠지.'

그 무렵이었다. 인생은 언제나 예측할 수 없는 방향으로 흐른다. 생명줄처럼 붙들고 있던 일식집이 영업난으로 결국 문을 닫게 되었다. 아르바이트를 시작한 지 겨우 6개월 만의 일이었다.

대만은 물가가 저렴했지만, 그만큼 임금도 낮았다. 카페나 식당에서의 알바로는 학비와 생활비를 감당하기에 역부족이었다. 한국에서 가져온 전 재산도 서서히 바닥을 드러내고 있었다. 나는 대학에 가기 위해 이곳에 왔다. 어학 연수는 어디까지나 그 준비 과정일 뿐. 하지만 지금의 형편으로 보아선 대학 진학은 점점 멀어져만 갔다. 제주를 떠나올 때, 대만에 오면 내 인생이 180도 확 바뀔 거라 생각했는데….

그러나 9개월이 지난 지금, 그 희망은 점점 빛을 잃어 가고 있었고, 불안은 어느새 성큼성큼 내 안으로 들어와 내 어깨를 무겁게 눌렀다.

• 예정된 이별

 알바를 그만두고 앞날이 막막하게만 느껴지던 어느 날, 그가 학교로 찾아왔다. 휴대폰이 아직 사치처럼 여겨지던 시절, 내겐 있을 리 만무했고, 그는 연락이 닿지 않아 직접 발걸음을 했다고 했다. 예전에도 몇 번, 그렇게 나를 찾아온 적이 있다. 연락이 끊기면, 내가 살아 있는지 죽었는지 몰라 학교에 왔다며 쑥스러운 웃음을 지었던 사람.
 우리는 학교 앞 작은 찻집에 앉아, 어색한 침묵 속에 차를 시켰다. 그리고 그가 조심스럽게 입을 열었다.
 "저 다음 달어 결혼해요."
 "…아, 네. 축하해요."
 "미안해요."
 "뭘요. 전 결혼에 관심 없어요. 그런 생각, 손톱만큼도 없거

든요."

그렇게 말하곤 시킨 커피가 나오기도 전에, 나는 자리를 박차고 나와 버렸다. 그저 걷고, 또 걸었다. 발길 따라 몸이 움직일 뿐 어디로 향하는지 몰랐다. 해가 기울 무렵, 어느 공원 벤치에 다다랐을 때, 다리엔 감각이 없었다. 그 자리에 털썩 주저앉아, 그저 멍하니 있을 뿐이었다.

그와의 인연은 언젠가 끝이 날 거라는 걸, 알고 있었다. 하지만 막상 그 끝을 마주한 순간, 아무 말도 할 수 없었다. 그의 앞에서도, 나 자신에게조차 감정을 드러내지 않았다. 슬픈 건지, 화가 난 건지조차 분간이 되지 않았다. 말로 설명할 수 없는 먹먹한 덩어리 하나가 가슴속에 덩그러니 남아 있을 뿐이다. 그리고 그 감정은 누구에게도 꺼내 놓지 못했다.

그와의 인연은 1년 전으로 거슬러 올라간다. 제주의 토산품 가게에서 우연히 마주친 세 명의 대만 신사. 그중 한 사람, 나에게 유학 자료를 보내온 사람이 바로 그였다.

그는 대만으로 돌아가자마자 한국어를 배우기 시작했고, 짧은 한국어로 편지를 쓰고, 전화를 걸어왔다. 그리고 홀로 제주를 찾아오기도 했다. 말도, 문화도, 배경도 모두 달랐지만 그는 주저없이 다가왔다. 우리는 종이에 한자를 써 가며 대화를 나눴고, 서로의 표정을 읽으며 마음을 짐작했다. 그의 서툴고도 단단한 직진이, 서서히 내 마음 한 자락을 흔들었다. 나도 모르게, 닫혀 있던 마음의 창이 열리고 있었다.

비자가 나오고 며칠 후면 대만으로 간다. 설렘으로 가득하던 날, 한 통의 편지가 날아왔다. 대만에서 그에게 한국어를 가르치는 한국 유학생이 보낸 것이었다. 나를 '언니'라 부르며, 조심스럽게 써 내려간 편지였다.

그이에게는 오랜 연인이 있다고. 같은 대학, 같은 직업을 가진 사람. 그는 나와의 인연 속에서 두 사람에게 죄책감을 느끼고 있으며, 이별을 고민하지만 쉽게 결정을 내리지 못하고 있다고.

편지를 읽고, 나는 며칠을 고민했다.

'대만으로 가도 될까? 관둘까?'

하지만 나는 처음부터 사랑이 아닌, 공부를 위해 대만을 택했다. 마음을 다잡았다. 내 길을 걷자고. 그리고 다짐했다. 대만에 가더래도 연락하지 말자고. 내 마음을 지키자고.

그러나 낯선 땅에서의 외로움은 예고 없이 밀려왔다. 그는 가끔씩 불쑥 내 앞에 나타나곤 했다. 연락이 끊긴 나를 걱정해 학교로 찾아왔다. 어느 날은 열이 펄펄 나던 날, 강의를 받다 너무 힘들어 학교 휴게실 소파에 누워 있는데, 내 앞에 떡하니 나타났다. 그런 나를 가엾게라도 보았는지 그가 말했다.

"너무 힘들게 일하지 말아요. 생활비, 도와줄 수 있어요."

나는 단호하게 대답했다.

"괜찮아요. 저 문제 없어요."

이미 내 마음은 굳게 닫혀 있었다. 이별이 예정되어 있다는 걸 알고 있었기에. 그렇게 우리는 조금씩, 말없이 멀어졌다.

그가 결혼한 후, 내 몸에는 이상 신호가 보이기 시작했다. 시력이 급격히 나빠졌고, 피부엔 하얀 각질이 일기 시작했다. 병원에서는 '물과 공기가 안 맞아서 그렇다'고 했다. 어쩌면 내 몸이, 마음이, 이 땅을 거부하고 있는지도 모르겠다. 나는 직감했다. 대만과의 인연이 끝나 가고 있음을.

어느 날, 문득 스스로에게 물었다.

"나는 대만에 와서 정말 공부에 집중했을까?"

매일 책을 붙들고 있긴 했지만, 그 질문에 자신 있게 그렇노라고 답할 수 없었다. 그리고 그 순간, 내 안에서 한 생각이 솟구쳤다.

'죽도록 공부해 보고 싶다. 정말 미칠 만큼 온몸을 던져 공부하고 싶다.'

이제는 모든 남자를 '돌'처럼 여기고, 오직 공부만 하고 싶었다. 그 결심을 품은 채, 나는 타이베이를 떠났다. 비행기 창밖으로 멀어져 가는 도시를 바라보며 다짐하듯 속삭였다.

"대만과의 인연은 여기까지야. 다시는, 이곳에 발을 들이지 않을 거야."

나는 그렇게 다짐하며 떠났다. 훗날, 다시 이곳으로 돌아와 삶의 터전을 일구게 될 줄도 모르고….

무모함 속에 일본 유학의 문을 두드리다

대만에서의 1년을 마무리하고, 나는 다시 한국으로 돌아왔다. 또 다른 시즌을 준비하기 위한, 잠시의 귀환이었다.

도쿄를 선택한 데에는 특별한 이유가 없었다. 일본이란 나라에, 일본어라는 언어에 특별한 애정이 있었던 게 아니었다. 다만 예전에 익혀 두었던 일본어, 그 한 줄기 가능성에 기대어 '그곳이라면, 뭔가 시작할 수 있지 않을까' 하는 막연한 희망 하나를 품었을 뿐이었다. 공부할 수 있는 곳이라면 어느 나라라도 좋았다.

귀국하자 어머니는 반가워하면서 안도하는 눈치였다. 딸의 생각을 알지 못하는 어머니는 '착하다'며 나를 반기셨고, 물밑에서 조용히 맞선 자리를 준비해 두셨다. 맞선 하루 전날, 어머니는 통보하듯 말했다. 서울에 직장이 있는 같은 고향 출신,

가톨릭 신자 집안, 신실한 부모, 믿을 만한 숙모의 지인⋯. 모든 조건이 짜인 퍼즐처럼 맞춰져 있었다. 그 그림 속에 나를 끼워 넣기만 하면, 다 잘될 거라 믿는 듯했다.

나는 조용히, 그러나 단호하게 그 그림에서 벗어났다. 어머니가 아직 잠들고 있는 새벽, 몰래 집을 나와 친구 집으로 피신했다. 다음 날, 그 친구의 언니에게서 걸려온 전화로 알게 되었다. 맞선 상대는 다름 아닌 내 친구 형부의 친구였다는 사실을.

어머니의 분노는 크셨다. 체면이 땅에 떨어졌다며 격분하셨고, 모녀의 연을 끊겠다는 말까지 내뱉으셨다. "동네 소문이 자자해서 밖에도 못 나가겠어."라며 문을 쾅 닫았지만, 나는 흔들리지 않았다.

결핍은 때로 사람을 밀어 주는 강한 추동력이 된다. 지금 돌아보면 아찔할 정도다. 주머니에 가진 돈도, 뚜렷한 계획도 없었다. 그저 일본어 회화 실력 하나에 의지한 채, 온몸으로 부딪힐 각오만이 전부였다. "잃을 게 없으면 두려울 것도 없다."라는 말은 그때의 나에게 딱 맞아떨어졌다.

1994년 12월, 스물다섯의 나는 무작정 일본 도쿄로 향했다. 도착한 지 얼마 지나지 않아, 일본은 무모한 나를 향해 첫 시련을 과감히 던졌다. 1995년 1월 17일, 새벽. 효고현 고베시에 규모 7.3의 대지진이 발생한 것이다.

수천 명이 한순간에 목숨을 잃었고, TV 화면엔 붕괴된 도시와 시신을 찾는 모습이 연일 보도됐다. 나는 일본어 뉴스의 대부분을 알아들을 수 없었지만, 그 참혹한 영상과 숫자만으로도 충분히 압도되었다.

'지금 이 도쿄에서 지진이 난다면, 나를 찾아 줄 사람은 아무도 없겠지.'

그 공포가 채 가시기도 전에, 또 다른 충격이 덮쳤다. 그해 3월 20일, 옴진리교라는 사이비 종교단체가 도쿄 지하철에서 사린가스를 퍼뜨렸다. 매일 이용하던 바로 그 노선, 바로 그 역이었다. 그날도 나는 평소처럼 지하철을 탔고, 우연히 시간 차 덕분에 무사할 수 있었다. 수많은 사람이 다치고, 세상을 떠났다.

그런데 다음 날도, 그다음 날도 사람들은 지하철을 가득 메웠다. 긴장으로 굳은 얼굴들 사이에, 나 역시 조용히 서 있었다. 돌이켜 보면, 일본에 도착한 지 몇 달 사이에 두 번이나 죽음을 목도했다. 내가 죽으러 이 먼 곳까지 왔나 싶을 만큼 가까이에서.

도쿄에서의 첫 여정은 일본어학교였다. 일본어학교에서 반나절 수업을 듣고, 오후와 주말에는 아르바이트를 했다. 일한 곳은 '오코노미야끼'(일본식 부침개) 가게. 한국계 여사장님은 내게 따뜻하고 다정하셨다.

오코노미야끼를 만드는 데는 대량의 양배추를 사용하는데, 하루 종일 그걸 썰다 보면 손의 감각이 사라졌고, 다음 날엔 내가 무슨 글자를 쓰는지조차 모를 정도였다.

아침이면 베개가 코피로 흥건해질 때도 있었다. 그럴 때마다 여사장님은 건강식품을 건네주시고, 아르바이트 시간 전 자투리 시간엔 우롱차 한 잔을 내어 주며 가게 안쪽에서 공부하라고 배려도 해 주셨다. 주말 아침엔 함께 커피숍에서 아침도 사 주시며 아낌없이 응원해 주셨다.

입시 준비는 철저히 혼자서 해냈다. 내가 목표로 한 국립대는 일본어, 논술, 일본사, 외국어(일본어를 제외한 외국어)를 시험 과목으로 요구했다. 일본어 외의 과목은 모두 혼자 준비해야 했다. 일본사는 중학교 교과서의 참고서로 공부했다. 역사 과목을 원래 싫어했는데, 일본어로 일본 역사를 공부한다는 건 두 배의 어려움이 있었다. 외국어는 중국어를 선택했다. 대만에서 익혔던 번자체를 간자체로 다시 익히며 독학을 이어 갔다.

죽음의 그림자와 나란히 걷던 1년. 나는 쉴 틈 없이 일하고, 공부했다. 원래 허약 체질의 몸은 자주 무너졌지만, 내 안의 희망은 결코 꺼지지 않았다. 돌이켜 보면, 참으로 무모한 시작이었다. 하지만 그때의 나는, 그것이 무모하다는 사실조차 몰랐다. 그저 가슴 깊은 간절함 하나만 품고, 앞으로 나아갈 뿐이었다.

꿈의 실현은 도전의 서막이었다

"꿈은 이루어진다. 이루어질 가능성이 없었다면, 애초에 신은 우리로 하여금 그것을 꿈꾸게 하지 않았을 것이다."

존 업다이크의 말이다. 그리고 스물여섯, 마침내 간절히 바라던 꿈이 현실이 되었다. 도쿄에 도착한 지 1년 만에, 나는 일본 국립대 도쿄외국어대학교(東京外國語大學) 일본어학과의 합격자 명단 속에서 내 이름을 발견했다. 그날의 전율은 아직도 생생하다.

가슴을 조이며 게시판 앞으로 다가갔고, 낯익은 이름 석 자가 눈에 들어오자 가슴이 뜨거워지고 눈시울이 붉어졌다. 곧장 공중전화로 달려가 한국에 전화를 걸었다. 나 때문에 체면이 깎였다며 집 밖에 나가지 못하겠다고 하던 어머니는 울먹이며 말문을 잇지 못했고, 올케언니는 "인간 승리"라며 축하해 주었다. 내 합격 소식을 듣고, 오빠 내외는 형편 어려운 살림 속에서 입학금을 보내 주기까지 했다.

합격 소식을 확인하고 향하는 아르바이트 길은 예전과는 전혀 다른 세상이었다. 나무, 건물, 꽃들이 너무나 찬란하고 아름다워 보였고, 모든 것이 나를 향해 미소 짓는 듯했다. 그날의 공기는 유난히 맑고, 발걸음은 가볍고, 가슴은 벅찼다.

'이게 행복일까?'

처음 느껴 보는 깊은 희열. 마치 세상을 통째로 얻은 듯한 충만함. "간절한 꿈은 반드시 이루어진다."거나 "하늘은 스스로 돕는 자를 돕는다."는 그 흔한 문장들이 더 이상 관념이 아닌, 살아 있는 진실로 다가왔다.

꿈의 문턱을 넘은 스물여섯의 나, 나는 드디어 꿈에 그리던 대학이라는 공간에 발을 디뎠다.

그 학과에는 전 세계에서 온 유학생들과 일본 학생들이 함께 어우러진 좀 특별한 학과였다. 커리큘럼에는 유학생과 일본인의 공동 과목과 개별 과목이 있었다.

입학 두 달이 채 지나지 않아, 일본문화 필수 과목에서 리포트 작성과 발표 과제가 주어졌다. 요즘 같으면 고등학생도 익숙할 과제였지만, 상고 출신의 내게 리포트란 아주 낯설었다. 수업이 끝나자 유학생들이 일제히 도서관으로 향하는 모습을 보고 따라갔지만, 무엇을 찾아야 할지, 어떻게 써야 할지 막막하기만 했다. 인터넷 정보도 제한적이던 시절의 이야기다.

그제야 나는 또렷하게 알았다. 우리는 비록 같은 반, 같은 학년이지만, 같은 출발선에 서 있는 게 아님을. 학업 능력도, 경제력도, 체력도… 어느 하나 나에게 유리한 것이 없었다. 같은 반 한국인 유학생들은 이미 대학이나 전문대를 졸업한 이들이었다. 어떤 이는 석사 학위를 가지고 있었고, 고졸자는 나 하나뿐이었다. 냉정한 현실 앞에서 나는 움츠러들 여유도 없이 받아들일 수밖에 없었다.

1학년 시절, 일본어 실력은 턱없이 부족했고, 대강당에서 이뤄지는 교양 수업은 버겁기만 했다. 칠판에 친절히 써 주지 않는 교수님의 말만으로 이뤄질 때가 많아 그 말을 이해해서 받아 적는 데 진땀을 흘렸다.

그 와중에도 생계를 위한 아르바이트는 멈출 수 없었다. 대학에 들어선 후엔 편의점 알바를 하고, 금요일과 토요일엔 야간 근무를 했다. 새벽녘, 몸도 발의 감각도 사라진 나를 끌며 집으로 향하곤 했다.

편의점 일은 식당보다 덜 고됐고, 무엇보다 폐기되는 도시락, 우유, 빵 등을 무료로 가져올 수 있어 식비를 줄일 수 있었다. 유통기한 하루 전, 또는 며칠 전의 음식들이었기에 위생상 문제는 없었다. 그 사소한 혜택들이 당시의 나에겐 큰 보탬이 되었다.

하지만 허약한 체질은 가끔씩 무너졌다. 몸이 아파 수업을 빠지는 날에도, 저녁엔 어김없이 알바에 나가야 했다. 그럴 때면 문득 서러움이 차오르곤 했지만, 그 순간마다 내게 이렇게 말하곤 했다.

"나는 지금 행복하다. 지금, 이루지 못했던 공부를 하고 있으니까."

이 말은 나를 지탱하는 주문이자, 스스로를 북돋는 기도문이었다.

합격의 순간, 이제 행복만 펼쳐질 줄 알았던 스물여섯의 나. 그러나 꿈의 실현은 끝이 아니라 시작이었다. 간절히 바라던 그곳에 발을 디디자, 비로소 본격적인 여정이 시작되었다. 기댈 곳 하나 없는 낯선 땅에서 오직 내 힘으로 이겨 내야 할 크고 작은 시련들이 줄지어 기다리고 있다는 걸 모른 채 말이다.

하루 30분, 내게 돌아온 응원의 증표

오래도록 품어 왔던 꿈, 대학 입학은 분명 내 인생의 한 획을 긋는 사건이었다.

그러나 그 감흥은 생각보다 오래 머물지 않았다. 이유는 단지 26살이라는 늦은 나이에 시작했다는 이유 때문만은 아니었다. 대학 캠퍼스의 낭만을 누리기도 전에 마주한 현실은 생각보다 훨씬 무거웠고, 그 무게는 내 어깨를 짓눌렀다.

"비교는 불행의 시작이다."

누구나 아는 이 말이, 그 시절 내겐 피할 수 없는 현실이었다. 동기들과 나란히 걸어갈 수 있을까? 낙오자가 되진 않을까? 입학 후 얼마 지나지 않아, 그런 불안이 틈틈이 마음을 파고들었다. 하지만 나에게는 열등감에 오래 잠겨 있을 여유가 없었다. 본능처럼 필사적으로 내린 결론은 하나였다.

'그들보다 하루에 한 시간만 더 공부하자.'

대학에 들어간 후 알게 된 사실 하나가 내 마음에 불을 지폈다. 성적이 일정 기준을 넘으면 수업료 전액 면제가 된다는 것. 국립대 등록금은 애초에 사립대의 절반 정도라서 국립대를 지망했는데, 면제가 가능하다니! 그건 내게 더없이 간절한 기회였고, 반드시 붙잡아야 할 목표였다. 수업료가 면제되면, 생계를 위한 알바 시간을 줄일 수 있고, 공부에 더 집중할 수 있으니까. 나는 무슨 일이 있어도, 수업료 면제를 받아 내야 했다.

1학년 필수 과목 중에 '고전(古典)'이란 과목이 있었다. 강의를 맡은 교수님은 배우처럼 잘생긴 데다 품위까지 갖춘 60대 신사. 신입생 환영회 때 기모노 차림으로 등장해, 단박에 내 시선을 사로잡았다.

'저 교수님 강의를 듣게 된다면 얼마나 좋을까….'

그런데 그 동경이 현실이 되었을 때는…. 그 멋들어진 교수님의 강의는, 유학생들에게는 공포 그 자체였다.

그분이 사용하는 강의 자료는 고대 일본어 '만요가나(万葉仮名)'로 쓰인 고문(古文)이었다. 지금의 가나 문자 이전에 쓰였던 글자로, 작가에 따라 형태가 제각각이고, 필체는 마치 흘려 쓴 그림 같아 글자의 경계조차 분간할 수 없었다. 그런 텍스트로 고전 문법을 설명하니, 내용은 물론 단어조차 제대로 이해되지 않았다.

'고전(古典)'이라는 과목은 유학생들에게 '고문(拷問)'이 되어 버렸다. 일본인 학생들은 이미 고등학교에서 기초를 접해 본 터라 여유 있는 눈빛이었다.

결국 중간고사를 치른 후, 교수님은 나를 포함한 다수의 유학생들에게 경고문을 보냈다.

"기말고사를 제대로 보지 않으면 학점을 줄 수 없습니다."

이 말은 단순한 경고가 아니었다. 수업료 면제 대상에서 탈락한다는 의미였고, 나에겐 삶의 리듬이 송두리째 바뀌는 일과 같았다.

방법은 단 하나, 매일 조금씩 복습하자. 고전 수업은 일주일에 단 한 번, 90분짜리 강의였다. 나는 수업이 있는 날이든 아니든, 매일 아침 학교에 가기 전 30분씩 그 난해한 텍스트를 붙잡았다. 글자를 판독하는 것조차 버거웠지만, 어제 본 문장을 복습하고, 오늘의 문장을 외우는 방식으로 나아갔다. 어떨 땐 눈에 잘 보이도록 확대 복사해서 색연필로 음절마다 표시하고, 어떨 땐 잠든 새벽을 밀쳐 내며 머릿속에 단어를 넣었다.

그렇게 두 달이 흘렀고, 드디어 기말고사 날이 다가왔다.

그리고 답안지를 돌려주던 날, 교수님은 평소처럼 기모노를 입고 강단에 섰다. 내 이름이 불리고, 앞으로 걸어갔을 때, 앉은 차 채점된 답안지를 돌려주시던 교수님이 벌떡 자리에서 일어서서 내게 고개를 숙여 경의를 표하고는 답안지를 건네셨다. 그리고 모두에게 말했다.

"이 학교에서 30년 가까이 교편을 잡아 왔지만, 유학생이 이 시험에서 이 점수를 받은 건 처음입니다. 진심으로 경의를 표합니다."

나는 기말고사에서 딱 한 문제를 틀렸다. 그 문제는 교수님이 깜빡 잊고 진도 나가지 않은 곳에서 출제된 것이었다. 그 과목의 학기 성적은 기말고사 성적으로만 매겨졌고, 나는 무사히 수업료 면제를 받을 수 있었다.

그럼, 그렇게 애써 외운 고전 문장은 이후 일본어 연구에 큰 도움이 되었을까? 아니, 전혀 그렇지 않다. 그 과목은 1학년 이후 다시 접할 기회도 없었고, 시간이 흐르면서 당시 외웠던 문장들도 하나둘 희미해졌다.

그 30분, 두 달의 끈기는 내게 평생 잊지 못할 선물을 안겨 주었다. 처음으로 '나도 할 수 있다'는 자신감을 얻었던 순간. 답안지를 받아 들고 나 자신에게 마음속 외쳤던 그날의 '파이팅'. 그 작은 외침은 내 마음 깊은 곳에 굵게 새겨졌고, 이후 삶에서 마주하게 될 더 큰 어려움들을 견디게 해 준 내면의 밑거름이 되지 않았을까.

돌이켜 보면, 11년간의 유학 생활 동안 참 많은 일들이 있었지만, 그때의 그 성취감은 아직도 내 마음속에 반짝이고 있다. 하루 30분의 기적. 그건 성적표보다 더 값진, 나 자신에게 진심 어린 응원의 증표였다. 보도 새퍼는 『멘탈의 연금술』에서 "우주는 늘 개인의 성장에 필요한 과제를 정확히 보내 준다."고 했다. 막 대학 문턱을 넘은 내게 주어진 첫 번째 과제를 나만의 방식으로 풀어낸 것이었다.

• 대만과 다시 이어진 인연

우리 학과에는 대만 국적의 유학생이 두 명 있었다. 타이베이에서 1년간 어학 연수를 했던 나로선 그들에게 자연스럽게 친근감이 갔다.

그중 한 남학생은 늘 앞자리에 앉아 강의를 듣던 친구였다. 키는 작고, 피부는 까무잡잡했으며, 머리는 빡빡머리. 수수하다 못해 산사로 바로 들어가도 아무 손색이 없을 차림이었다. 그야말로 공부 외엔 딱히 할 일이 없을 듯한 남학생. 우연히 그의 책을 들여다보았는데, 모르는 단어 옆에다 빽빽하게 주석을 달아 놓고 있었다. 예습할 수 있는 여유와 태도에 몰래 감탄했다.

그런 그를 보고 가장 놀랐던 날은 시험 당일 아침이었다. 모두가 도서관에서 정신없이 벼락치기를 하는 와중, 그는 1층 홀에서 느긋하게 신문을 읽고 있었다. '포기했나?' 싶었는데, 아니란다. 시험 기간이든 평소든 똑같은 패턴으로 공부한다길래, 나는 또 한 번 신선한 충격을 받았다.

타이베이에서 연마한 중국어가 점점 퇴보되는 게 아쉬웠다. 그래서 같은 과에 대만 학생이 있다는 게 행운처럼 느껴졌다. 나는 강의 시간에 늘 혼자 앉아 있던 그 친구 옆자리를 선택했다. 만약 그가 잘생기고 멋있었다면 그렇게 다가가지 못했을 것이다. 그는… 안전했다.

그러던 어느 날, 그는 나를 점심에 자기 집으로 초대했다. 학교 근처에 있는 자취방은 깔끔하게 정돈돼 있었다. 가구도, 물건도 꼭 필요한 것만 필요한 자리에 있었다. 정갈한 분위기만큼이나 차려 낸 밥상도 단정했다. 직접 만든 반찬과 오이김치. 대만 사람이 담근 오이김치를 한국 사람이 먹는 상황이라니. 이건 의외의 감동이었다.

우리는 만난 지 얼마 되지 않아 각자의 목표를 공유했다. 나는 그에게 말했다.

"어디까지 공부가 가능한지, 내 한계점까지 가 보고 싶어."

그때의 나는 인간의 뇌에도 수용 한계가 있다고 믿었고, 그 지점까지 가 보지 않고 멈춘다면 평생 후회할 것 같았다. 어렵게 시작한 공부, 내 한계점까지 해 보고 싶었다.

그는 대학 졸업이 목표라고 했다. 그의 차림만큼이나 꿈도 소박했다. 과장 없이 있는 그대로. 대부분의 유학생이 장밋빛 미래를 말하며 숨 가쁘게 달리는 모습이라면, 그는 그날의 공부를 조용히, 묵묵히 해내는 사람이었다. 게다가 그는 그저 일본어가 좋아서 책을 펴는 거라 했다. 그의 소박함과 검소함, 그리고 있는 그대로의 삶. 그런 그와 함께 있을 때면 나 역시 나를 포장하지 않아도 되어 편안했다.

그저 중국어 연습이 목적이었는데, 어느새 우리는 교수님도, 학생들도 아는 '공식 커플'이 되어 있었다. 공부만 하겠다며 마음을 닫고 일본에 온 내가, 어쩌다 이리 되었을까. 대만에서의 인연을 끊고 떠나온 내가, 일본에서 다시 대만 사람과 인연을 맺다니…. 참, 인생이란 예측 불가능한 것이다.

처음 그를 고향에 데려갔을 때, 어머니의 반응은 가히 충격적이었다. 키는 딸내미보다 작고, 동남아풍의 얼굴에 까무잡잡한 피부, 거기다 빡빡머리. 그를 보는 순간 어머니는 아무 주저없이 한마디 내게 날카롭게 던져 왔다.

"30년을 고르고 고른 게 저놈이가?"

그러고는 한숨을 쉬고 한마디를 더했다.

"대만 사람은 다 정 검느냐?"(다 저렇게 검니?)

한국말을 알아듣지 못하는 그였지만, 어머니의 표정과 제스처만으로도 충분히 마음을 읽었을 것이다. 그 불편한 기류는 밥상으로 이어졌다.

대만에서는 국을 밥과 같이 동시에 먹지 않기에, 그는 국그릇이 하나의 장애물처럼 느껴졌던 터라, 국그릇을 밥그릇 뒤에다 옮겼다. 그의 옆자리에 앉아 있던 어머니는 그걸 보고는 옮겨 간 국그릇을 원래 자리로 툭 가져다 놓으셨다. 잠시 뒤, 그는 다시 국그릇을 슬쩍 옮겼고, 어머니는 또 그것을 원래 자리로 가져다 놓았다. 말없이, 그저 눈빛과 손짓으로 오가는 싸움. 국그릇 하나를 사이에 둔, 조용하면서 거친 다툼이었다.

그 와중에, '뿌욱' 그가 방귀를 뀌고 말았다. 긴장된 자리, 침묵 속에 울려 퍼진 예상 밖의 소리. 어머니의 얼굴에서 레이저라도 튀어나올 기세였다.

"방귀가 뭐 어때서요. 생리 현상인데."

나는 그를 변호했다. 그러나 어머니는 단호히 말했다.

"엉덩이를 들고 껴 댔어!"

그는 억울하다는 듯, 자신도 모르게 나왔다고 변명했지만…. 그들의 첫 간남은 그렇게 시작되었다.

시간이 흐르고, 우리가 석사 과정에 진입하며 결혼을 앞두었을 때, 어머니는 별다른 반대를 하지 않으셨다. 포기하신 건지, 아니면 결혼이라도 하게 된 걸 다행이라 여기신 건지…. 어쨌든 예비 사위와의 첫 대면은 잊을 수 없는 추억으로 남았다.

젊은 날엔 숙명 같은 걸 믿지 않았다. 모든 건 내 선택이라 여겼다. 하지만 이제 쉰을 넘기고 육십을 바라보며 돌아온 날을 떠올려 보니, 숙명이란 것을 부정할 수 없다. 도망치듯 떠나온 대만, 그 대만과 다시 이어진 인연. 이 모든 것이 우연이라기보다, 어쩌면 나에게 주어진 '길'이 아니었을까.

가슴이 알려 준 선택

3학년에 올라서면서 우리 모두는 분주해졌다. 1, 2학년 동안은 일본의 언어, 문화, 문학, 역사, 사회 등 다양한 분야를 넓고 얕게 배웠다면, 3학년은 그중 어떤 길을 깊이 파고들지 결정을 내려야 하는 시기였다.

각자의 마음속에는 이미 정해 둔 길이 있었고, 그 길로 향하기 위해서는 예비 지도교수의 강의를 이수한 뒤 4학년이 되면 그 교수님의 지도 아래 졸업 논문을 써야 졸업할 수 있었다.

2학년을 마치고 3학년이 되는 길목에서 많은 유학생들은 깊은 고민에 빠졌다. 졸업 후 진학할 것인가, 귀국할 것인가. 진학한다면 어느 분야가 내게 유리할까. 이 결정은 그저 학문적 선택이 아니라 삶의 방향과도 직결되는 일이었기에, 일본인 학생들보다 훨씬 무거운 무게로 다가왔다.

그럴 때 큰 힘이 되는 건 앞서 걸어간 선배들의 조언이었다. 유학생들 사이에는 서로 끈끈한 정과 우애가 있었고, 선배들은 후배들의 진로에 대해 아낌없는 충고를 들려주곤 했다.

내가 선택하고자 했던 건 일본어 문법. 그러나 돌아오는 반응은 뜻밖이었다.

"왜 하필 그 길이야?"

"그건 개고생을 하겠다는 거지."

"일본어 문법은 외국인이 파고들기엔 너무 깊고, 진학 시험도 다른 분야보다 훨씬 까다로워."

고개를 절레절레 흔드는 선배들이 하나둘이 아니었다. 도중에 포기하고 돌아간 유학생도 있다는 말까지 덧붙였다. 그들의 우려는 진심이었고, 그만큼 그 길이 험난하다는 증거였다. 한번 정한 코스를 바꾸기란 쉽지 않은 일이니 더더욱 신중하라는 조언도 잊지 않았다. 나는 잠시 흔들렸다. 하지만 문득 떠오른 수업이 하나 있었다.

1학년 때, 나는 매주 그 강의를 기다렸다. 마치 남자 친구와의 데이트를 기다리기라도 하듯 설레는 마음으로. 그 수업은 일본어 문법 강의였다. 담당 교수님은 우리 학과에서 가장 엄격하고 차갑기로 정평이 나 있었지만, 나는 그 수업을 들으며 처음으로 '공부가 즐겁다'는 감정을 느꼈다.

칠판에 유사한 문형을 적어 두고, 그 차이를 생각해 보라 하시던 교수님. 우리들의 생각에 단박에 답을 주지 않고, 미소 띤 얼굴로 '그럴까?' 하고 되묻던 그분. 그 수업은 주입식도 암기식도 아니었다. 스스로 생각하게 했고, 그 생각을 말로 표현하게 했다.

그 짧은 90분 동안, 나는 우리가 말하는 문장 하나하나에 숨어 있는 질서와 규칙을 마치 수수께끼처럼 풀어 가는 즐거움을 느꼈다. 그때 처음으로 '나는 이런 공부를 좋아하는구나' 하고 생각했다.

그래서 다시, 나 자신에게 물었다.
"지금 그때의 설렘을 잊고 다른 길을 택할 수 있을까?"
나는 가슴이 시키는 대로 따르기로 했다. 선배들의 조언이 틀린 것은 아니다. 그 길이 험한 것도 맞고, 나 같은 유학생에게 불리한 것도 사실이다.

하지만 열정이란 건 머리로 만들어 내는 것이 아니었다. 억지로 일으키는 것도 아니었다. 내 안에서 저절로 타오르는 것, 그게 열정이고, 나는 이미 그 열정의 불씨를 품고 있었다. 좋아하는 분야를 선택한 덕에 더 깊이 몰입할 수 있었고, 몰입의 시간 속에서 내가 살아 있음을 느꼈다.

"자신이 좋아하는 일을 하라. 그러면 당신은 매일 아침, 최고의 노력을 다할 수 있을 것이다."라는 조지 버나드 쇼의 말처럼, 좋아하는 공부, 나의 호기심을 자극하는 그런 강의를 만난 건 내게 큰 행운이었다.

　만일 그중 어느 하나라도 빠졌더라면, 내 열정의 꽃은 피기 전에 스러졌을지도 모른다. 물론, 내가 선택한 길이라 해도 모든 날이 순탄했던 것은 아니다. 수없이 벽에 부딪혔고, 주저앉고 싶은 날들도 있었다. 그러나 그때마다 나를 다시 일으킨 것은, 내 안의 식지 않는 열정이었다.

• 안아 보지도 못하고 떠나보낸 생명

"인생은 고해와 같다. 그 안에서 우리는 고통을 경험하며 성장하고, 배움을 얻는다."

틱낫한 스님의 말씀이시다. 불교에서는 삶을 '고해(苦海)'라 한다. 잔잔한 듯 보이다가도 이내 몰아치는 파도처럼, 인생은 예기치 못한 고통을 안고 찾아온다.

유학 시절의 어느 봄, 나도 그 고해의 한가운데에 있었다. 학부 시절부터 함께했던 대만 유학생과 나는, 석사 1학년 때 결혼을 했다. 유학 생활이 길어질 테니, 아기를 낳는다면 한 살이라도 덜 먹었을 때 낳아야 한다는 생각이 들었다. 그러고 그다음 해인 석사 2학년에 나는 생명을 품었다.

임신 5개월 차. 배 속 아기가 발을 차기 시작했다. 그 작고 놀라운 생명의 몸짓은 신비로웠고, 나와 남편은 설렘으로 부

풀어 올랐다. 지도교수님도 "공부 열심히 하는 부모에게서 똑똑한 아기가 태어날 것"이라고 말씀해 주셨다.

그날은 한 달에 한 번 산부인과에 정기 검진을 받으러 가는 날이었다. 초음파로 검사하는 의사에게 내가 물었다.
"아기, 남자예요? 여자예요?"
"….'"
의사는 말없이 화면을 들여다보며 혼잣말처럼 중얼거렸다.
"이상하네, 보이지 않네."
지난번 검진 때에도 성별을 물어봤는데 똑같은 반응을 보였다. 검진이 끝나고 의사는 말했다.
"큰 병원에서 다시 진료를 받아 보세요. 가능한 빨리요."
그 이상은 설명하지 않았다. 우리는 아무런 의심도 없이, 소개장을 들고 큰 병원으로 향했다.
병원 진료실에서 초음파를 본 의사는 밖에서 기다리는 남편을 불러오라고 했다.
"마음의 준비를 하시고 들으세요. 태아는 무뇌아입니다. 원인은 현재 의학계에서는 알 수 없고, 출생해도 살지 못합니다."
'무뇌아!' 처음 들어 보는 말이었다. 그럴 리가…. 왜, 우리 아기가? 지금 이 순간도 발로 배를 차는 이 아기가?
"법적으로는 배 속에 살아 있는 한 출산까지 기다려야 합니다. 산모가 힘들겠지만, 일본에선 그것이 법입니다."

그리고 의사는 조심스럽게 말했다.

"혹시 한국에서 처리할 수 있다면, 방법을 알아보시는 것도…."

진료실 문을 나서며 나는 참았던 울음이 터져 나와 진료실 앞에서 엉엉 소리 내고 말았다. 배 속에서는 아기가 여전히 힘차게 발길질을 하고 있었다. 아무 일도 모른 채, 살아 있다고 존재를 증명하듯이.

그 후의 날들은 지옥 같았다. 어디를 가든 임산부가 눈에 띄고, 아기들, 유모차만 내 시야에 포착되었다. 배를 감싸고 울며, 구제할 수 없는 생명이라면 어서 낙태되기를 바랐다. 스스로 배를 때려 본 적도 있다. 그러나 끝내 힘주지 못하는 손을 보며 눈물을 흘리곤 했다. 눈물로 젖은 베개에서 깨어나던 새벽들. 그토록 많이 운 적은 내 삶에 없었다.

배는 점점 불러왔고, 길에서 마주친 사람들은 축하의 인사를 건넸다. 그들에겐 단순한 인사였지만, 내게는 날 선 말처럼 꽂혔다. 그들에게 이 모든 사정을 일일이 말할 수는 없는 노릇이었다.

결국 나는 고향 제주로 돌아갔다. 산부인과 의사는 조심스럽게 말했다.

"수술로 낳으면 고생은 덜하지만, 흔적을 남기면 더 깊은 상처가 될 겁니다."

그래서 나는 자연분만을 택했다. 촉진제를 맞으며 사흘을 보냈다. 그리고 넷째 날, 산통이 시작되었다. 통증은 숨 쉴 틈도 없이 몰려왔다. 비명을 지를 여유조차 없이, 고통이 나를 휩쓸었다. 너무 아파서, 정신이 나갈 것만 같았다.

그리고, 마침내 아기는 태어났다. 하지만 나는 그 아기를 안아 보지도 못했다.

작은 생명은 조용히 다른 곳으로 옮겨졌다. 다른 생명을 위한, 작은 흔적이 되기를 바라는 마음으로 연구센터로 향했다. 그렇게 나는 엄마가 되었고, 동시에 그 자격을 상실했다.

몸조리를 마친 뒤, 다시 일본으로 돌아왔다. 그리고 나는 다시 연구에 몰두했다. 아픔을 잊기 위해서였는지도 모르겠다. 그렇게, 나는 다시 살아갔다. 아무도 알지 못하는 아픔을 가슴 한편에 묻은 채로.

• 결코 닿을 수 없는 깊이와 온기

　매주 화요일 저녁 9시. 인기척 하나 들리지 않는 어둠을 뚫고 우리는 조용히 학교를 빠져나온다. 시간표대로라면 4시 반에 시작해 6시에 끝나야 하는 강의였다. 하지만 예정된 종료 시간에 끝난 적은 단 한 번도 없었다. 강의는 늘 밤 9시쯤이 되어서야 마무리되곤 했다.
　일본의 대학은 3학년이 되면 각자의 진로를 결정하고, 지도교수의 제미(ゼミ)에 소속되어 연구를 시작한다. 제미는 일종의 세미나 형식으로, 관심 분야를 중심으로 함께 탐구하고 발표하며 학문적 사고를 길러 가는 '학습 공동체'다.
　우리 교수님은 석사생, 박사생이 한데 어우러진 통합 제미를 운영하셨다. 그러다 보니 자연스레 선후배 간의 교류도 활발했고, 선배들에게서 연구 방법들을 익힐 수 있는 소중한 자리가 되었다.

　제미는 매주 2명이 돌아가며 자신의 연구를 발표하고, 그 내용을 중심으로 토론을 이어 가는 방식이었다. 발표 자료는 사전 메일로 공유되고, 모든 구성원은 미리 자료를 읽고 강의에 참석해야 했다. 교수님은 예외 없이, 그 누구보다 꼼꼼하게 발표 자료를 읽어 오셨다.

　4시 반에 시작한 강의가 7시를 넘기면 대부분의 학생들은 피로에 지쳐 집중력을 잃는다. 7시가 되면서 교수님께서는 열정과 집중이 한층 불타오르는지, 본격적으로 시작된 질문은 꼬리에 꼬리를 물었다. 이 제미가 "일주일 중 가장 즐거운 시간"이라 하셨다.

　우리의 허기를 염려하신 교수님은 수제 쿠키나 빵을 아예 준비하시고 강의실에 들어오셨다. 화장실을 다녀올 짧은 틈도 그 간식을 나눠 먹는 시간 속에 녹아 있었다.

　우리는 허기진 몸으로 제미를 마치고 학교 정문을 나와 즐비하게 서 있는 주점 앞을 지나치는데, 우리의 발길은 그 앞에서 종종 멈춰 섰고, 교수님은 "오늘은 딱 한 잔만."이라는 같은 말로 가게 문을 열곤 하셨다.

　넘칠 듯한 생맥주 한 잔을 들고 "건배!" 하는 순간, 피로에 지친 영혼이 되살아나는 기분이었다. 처음엔 딱 한 잔이라던 약속은 언제나 끝없는 이야기보따리에서 자취를 감추었고, 시간 가는 줄 모르게 웃고 떠들었다. 이야기는 학문에서 일상까지. 연구에서 연애 이야기까지 경계를 넘나들며 끝도 없이 이어진다.

그 시간들은 단순한 음주 자리가 아니었다. 삶의 무게를 나누고, 서로의 삶을 위로하며, 다시 살아갈 에너지를 채우는 소중한 재충전의 시간이었다. 시곗바늘이 자정을 향해 가면 우리는 부랴부랴 가방을 챙기고 역으로 뛰어갔다. 막차를 놓치지 않기 위해.

교수님은 학생들에게 부담을 주지 않으려고 언제나 뒤에서 조용히 손을 내밀어 주셨다. 술자리 계산은 대부분 교수님 몫이었고, 우리에게는 미안하게 느끼지 않도록 아주 적은 금액만 걷으셨다. 연구에 필요한 자료를 나눠 주실 때도 늘 10엔을 받으셨다. 받거나 말거나 하는 그 소액을 거두시는 데에는 학상의 자존감을 배려하는 세심한 마음이 담겨 있었다. 작은 일하나를 부탁하실 때도 결코 그냥 시키는 법 없이, 꼭 사례를 더하셨다.

당신의 연구에 대해서도 늘 겸손을 잃지 않으셨다. 학계에서는 그분을 해당 분야의 제1인자라 불렀지만, 그분은 단 한 번도 그것을 학생 앞에서 자랑하거나 내세우지 않으셨다. 그런 일본 교수는 드물었다. 그래서일까. 그분께는 자녀가 없었지만, 길러 낸 제자들은 셀 수 없을 만큼 많았다.

그분의 열정은 제자인 우리에게도 분명 전해졌지만, 예전도 지금도 그분의 발뒤꿈치조차 따라가지 못한다. 나는 그분에게서 학문을 배웠고, 사람을 대하는 태도를 배웠다. 그리고 대학 강단에 선 지금, 그분의 진가를 더 깊이 깨닫게 된다.

교수라는 직함 하나만으로는 결코 닿을 수 없는 깊이와 온기. 연구는 일이 아니라 삶이고, 제자는 책임이 아니라 사랑이라는 걸, 그분은 자신의 삶 전체로 보여 주셨다.

당신이 물려주신 보이지 않는 유산

벅차오르는 가슴을 안고 집으로 돌아온 나는, 처음으로 어머니께 펜을 들고 싶어졌다. 일본 유학 온 지 몇 해가 지나도록, 한 번도 제대로 편지를 쓰지 못했던 내가 말이다. 몇 번이고 펜을 들었다 내려놓기를 반복했었다. '어머니'를 떠올리면, 그 누구에게도 말하지 못했던 마음 깊은 곳의 감정들이 쏟아져 나와, 정작 전하고 싶던 말은 사라지고, 엉뚱한 방향으로 흘러가 버리곤 했었다. 그런데 오늘은, 꼭 전하고 싶은 말이 있다.

사랑하는 어머니께
이 편지를 쓰는 지금, 저는 믿기 어려운 기쁨과 감동 속에 있습니다. 방금 박사 과정 입학시험에 합격했다는 소식을 받았어요. 우리 학교 동기들 중 저 혼자 언어 코스에 합격

했답니다.

아르바이트로 생계를 꾸려 가며 학부를 마치고, 석사 과정을 지나, 마침내 박사 과정에 진학하게 되었어요. 이 모든 게 꿈만 같아요. 대학에 입학하던 그때만 해도, 이런 날이 올 거라곤 상상조차 하지 못했지요.

늘 반 친구들보다 한 걸음 뒤처진 듯한 느낌, 언제 낙오될지 모른다는 불안, 간신히 잡은 기회를 놓칠까 두려워 조마조마했던 나날들… 그 모든 순간들이 아련히 떠오릅니다.

그리고 어머니, 유학을 가겠다는 제게 "모녀의 연을 끊겠다"고 단호하게 말씀하시던 그날, 사람들 입에 오르내릴까 걱정된다던 그 목소리가 아직도 제 귓가에 남아 있어요. 그런 어머니를 떠올릴 때마다, 나는 내가 몹쓸 딸일까 자주 자문하곤 했답니다.

그럼에도 불구하고 저는 늘 마음 한편에서 믿고 있었어요. 내 삶을 묵묵히 살아간다면, 언젠가는 어머니께서 제 선택을 이해하고 받아 주실 거라고요.

지금까지 전 가장 컨디션 좋을 때만 골라 어머니께 전화드렸어요. 밝고 힘 있는 목소리만 들려 드리고 힘든 모습을 보여 드리고 싶지 않았어요. 어머니의 반대를 무릅쓰고 선택한 길이었기에, 그 대가는 온전히 제가 감당해야 한다고 생각했거든요.

남들이 부러울 때도 많았답니다. 경제적 지원을 받는 친구들, 건강한 체력으로 공부하는 친구들…. 그 속에서 저는 늘 열악한 조건의 유학생이라 느꼈어요.

하지만 이제 알게 되었어요. 저는 이미 누구보다 값진 유산을 물려받았다는 것을요. 끈질긴 생명력, 몰입하는 힘, 역경 속에서도 끝까지 버티고 나아가는 강인함. 이 모든 것은 어거니께서 주신, 세상 어떤 보석보다 귀한 유산입니다. 누구도 빼앗을 수 없고, 결코 사라지지 않는 그런 내면의 재산 말이에요.

돌아보면 지난 결핍들 덕분에 저는 더욱 간절하고 뜨거운 열정을 품을 수 있었습니다. 어머니의 강력한 반대는 제 안의 불꽃을 더 활활 지펴 주었고요. 그 모든 여정은, 오늘 이 순간을 위한 필연의 길이었다는 걸 지금에서야 깊이 깨닫게 되었습니다.

오늘, 처음으로 용기 내어 말씀드립니다. 저를 낳아 주시고, 길러 주셔서 감사합니다. 그리고 저 자신에게도 말해 주고 싶어요. 참 잘 견뎌 왔다고, 수고했다고.

자신이 좋아하는 일을 향해 몰입할 수 있다는 것, 그 안에서 살아 있음을 느끼는 이 기적 같은 매일이 얼마나 감사한지 모릅니다.

어머니, 사랑합니다. 진심으로 감사합니다.

2002년 여름날, 둘째 딸 드림

그 순간, 나는 또 하나의 진리를 깨달았다. 우리에게는 '한계'란 이름의 선이 애초에 정해져 있지 않다는 것을. 그것은 외부에서 주어지는 것이 아니라, 스스로 마음속에 긋는 선일 뿐이었다.

학부 시절, 박사 과정은 나와는 무관한 먼 세계처럼 느껴졌다. 특별한 재능을 타고난 사람들, 선택받은 사람들만이 오를 수 있는 자리라 여겼다. 석사 과정에 들어갔을 때는 박사 과정에 갈 수 있으면 그곳에서 '학점'만 채울 수 있어도 좋겠다고 생각했다. 박사 논문이라니, 그건 여전히 내 것이 아닌 이야기 같았다.

하지만 석사 논문을 쓰던 어느 날, '혹시 나도 할 수 있지 않을까?'라는 작은 속삭임이 마음속에서 피어났다. 그리고 그 작은 믿음은 현실이 되었다. 믿음은 그렇게 생겨났고, 삶은 그 믿음만큼 자라났다.

미국의 심리학자 윌리엄 제임스는 말했다. "우리는 자신의 잠재력의 반도 쓰지 않은 채 살아간다. 인간은 다양한 능력을 가졌음에도 그것을 사용하지 않는 것이 습관이 되어 있다."고. 나는 이제 내 안의 가능성을 믿기로 한다. 그리고 내 안에는 아직 한 번도 깨어나지 않은 수많은 가능성이 숨 쉬고 있는 건 아닐까 생각해 보았다.

• 아기를 품고, 꿈을 걷다

첫 생명을 떠나보낸 지 꼭 2년 즈음, 우리 부부에게 다시 한 번 새로운 생명이 찾아왔다. 깊은 상실의 슬픔이 지난 뒤라서, 그 기쁨은 더없이 벅차고도 소중했다.

박사 과정 1학년 때 임신을 했고, 2학년 가을, 예정일보다 3주나 앞서 출산하게 되었다. 아기를 맞이할 준비가 채 되지 않은 상태에서 출산을 한 것이다. 산후 입원 중 남편이 아기 용품을 하나하나 구매했고, 조심스레 세탁하고 준비하면서 병원에 와서 아기를 마주한 그의 얼굴엔 말 그대로 날개가 달린 듯 기쁨이 가득했다.

아기는 탯줄이 목에 감긴 채 태어나 얼굴과 몸이 거무스레했기에, 엄마인 내가 보아도 예쁘지 않았다. 그런데 남편은 아랑곳하지 않고 사진을 찍어 교수님들과 지인들에게 자랑했다는 걸 나중에 알았다.

출산일은 9월 8일. 일본 대학의 2학기가 시작되기 직전이었다. 교수님들은 충분히 쉬고 복귀하라 권했지만, 나는 그 말을 흘려들었고, 개강과 동시에 강의실에 들어갔다. 아이를 낳고 한 달 후, 나는 바로 학교로 복귀한 것이다. 참 어리석었다. 어른들이 출산 후 몸조리를 잘하라는 말이 괜히 있는 게 아닌데….

일본 병원은 산모가 출산 당일부터 2시간마다 직접 일어나 아기를 돌보도록 한다. 푹 쉬는 시간이란 애초에 없었다. 퇴원과 동시에 본격적인 육아가 시작되었고, 우리는 육아책 한 권에 의지해 하루하루를 헤쳐 나갔다. 경험 있는 가족이나 친구도 곁에 없던 우리에겐, 그 책이 유일한 안내서이자 지침서였다.

한밤중에 아기가 울거나, 기침이라도 하면 부부가 약속이라도 한 듯 동시에 벌떡 일어나곤 했다. 혹여 아기가 감기에 걸렸을까 병원에 데려갔다가, "이 정도 증상으로 병원 오면 더 많은 병균에 노출된다"며 의사에게 야단을 맞기도 했다.

연구와 육아의 병행. 그 둘을 동시에 감당한다는 건 생각보다 훨씬 더 고된 일이었다. 새벽에 모유를 먹이고 학교에 가서 강의를 듣고 발표 준비를 하는 일과. 조용한 일본 주택가에서 아기 울음소리에 민폐가 될까 극도로 예민해졌던 나는, 과도한 긴장 속에서 깊은 피로에 잠식되고 있었다.

체력은 곧 바닥을 드러냈다. 어머니께서 한국에서 와 주셨지만 연세 탓에 오래 도와주시진 못했다. 어머니가 돌봐 주시는 동안 나는 강의 없는 시간에는 도서관에 가곤 했는데, 책상에 앉은 지 얼마 되지 않아 곧장 잠에 빠지기 일쑤였다. 하루는 자다 눈을 떠 보니 후배가 내 옆에 서 있었다.

"언니, 괜찮아? 이렇게 자는 모습, 처음 봐서. 많이 피곤한가 봐요."

정말 피곤했다. 아니, 피곤을 넘어선 탈진 상태였다.

어머니가 귀국하신 며칠 뒤의 어느 날이었다. 그날은 남편과 같은 시간에 각기 다른 곳에서 시험을 봐야 했다. 유모차에서 자고 있는 아기를 태워 대학원생 자습실에 데려가 후배에게 부탁한 채 시험을 보러 갔다. 자던 아기는 엄마가 없다는 걸 알고는 곧 울음을 터뜨렸고, 후배는 당황해 아기를 안고 복도로 나왔지만 울음은 멈추지 않았다. 복도에서 우는 아기의 울음소리는, 7층 교실까지도 뚫고 들려왔다. 시험지를 내려놓고 교수님께 양해를 구해 계단을 뛰어 내려갔을 때, 후배는 눈물로 뒤범벅이 된 아기를 안고, 같이 울고 있었다.

어느 날은 우리 학교 조선어학과의 한국인 교수님의 연구실을 찾았을 때였다. 그분이 나를 바라보시더니 조심스레 물으셨다.

"많이 피곤해 보여요. 괜찮아요?"

그 한마디에 눈가가 저절로 뜨거워졌다.

"정말 많이 힘들어요. 잠도 제대로 못 자고… 걸어다니는 것도 힘들어요. 그런데… 이런 상태에서 어떻게 연구를 하죠?"

말끝이 떨리며 울먹이던 나에게, 두 아이의 엄마이기도 한 그 교수님은 이렇게 말씀하셨다.

"논문이요? 우리가 밤새워 써도, 누가 그걸 그렇게 열심히 읽어 주겠어요? 하지만 아이는 평생 곁에 있어 줄 소중한 존재잖아요. 지금은 힘들지만, 이 시간이야말로 가장 의미 있는 시간이기도 해요."

그 말을 들으며 생각에 잠겼다. 기적처럼 찾아와 준 아기, 그토록 기다렸던 생명. 피로와 긴장 속에 감사함을 잊고 있었다.

유학 생활 중, 나처럼 임신과 출산을 경험한 이들이 적지 않았다. 그러나 대부분은 출산 후 휴학을 택했고, 그중 많은 이들이 끝내 학계로 돌아오지 못했다. 육아는 한두 해로 끝나는 일이 아니기에, 가정과 현실은 자주 꿈을 집어삼키곤 했다.

육아와 연구, 정말 함께 갈 수 있을까? 끝없이 버겁고 고단했지만 나는 믿고 싶었다. 우리 아기는 내 꿈을 가로막는 존재가 아니라, 품에 안고서도 함께 걸어갈 수 있는 또 하나의 꿈이라는 것을. 그리고 그 길을 끝까지 걸어올 수 있었던 건, 내 안에 아직 꺼지지 않은 열정이 조용히, 그러나 단단하게 타오르고 있었기 때문이었다.

• 믿어 주는 한 사람의 힘

최근 읽은 『데일 카네기 인간관계론』에서 한 문장을 마주했다.

"사람을 최고의 모습으로 이끄는 길은, 그를 인정하고 용기를 북돋우는 것입니다."

이 구절을 읽다 보니, 유학 시절의 어느 하루가 떠올랐다.

아기를 낳고 석 달쯤 지났을 무렵, 박사 과정 2학년이 끝나가던 어느 날이었다. 나는 지도교수님 연구실 앞에서 서성이며 한참을 망설이다 용기를 내어 노크했다.

박사 학위 논문을 제출하려면 1년 전, 그러니까 바로 이 시기에 교수님의 동의를 받아야 했다. 선배들 대부분이 5년 혹은 그 이상 걸렸기에, 임신과 출산으로 연구에 충분히 몰입하지 못했던지라, 내심 시기상조라는 생각과 시도하고 싶다는 생각이 교차했다.

"교수님, 제가 정말 열심히 하면… 3년에 논문 제출 가능할까요?"

교수님의 표정을 살피며 아주 조심스럽게 그리고 천천히 말을 꺼냈다. 혹시 너무 성급하다고 꾸중을 하시지 않을까, 아직 멀었다고 일축하진 않으실까 조마조마하는 마음이었다. 그런데 교수님은, 단 1초도 망설이지 않고 말씀하셨다.

"京保さんなら、できますよ(경보 씨라면 가능해요)."

그 한마디에 나는 눈물이 핑 돌았다. 고개 숙여 인사하고 연구실을 나선 뒤, 나는 마치 날개라도 단 듯 도서관을 향해 날아가듯 뛰어갔다. 교수님의 그 한마디가, 내가 나를 다시 믿게 해 준 순간이었다.

사실 교수님의 허락이 있다 해도, 스스로 완성해 내지 못하면 결국 몇 년은 더 걸릴 수밖에 없는 일이었다. 하지만 그날 들었던 교수님의 말은, 단순한 허락이나 덕담이 아니었다. 내게는 '가능성', '신뢰', '믿음'으로 다가왔다.

교수님의 그 한마디는 육아의 피로에 지쳐 무너지려던 나를 다시 일으켜 세웠고, 그분을 실망시키지 않으리라는 다짐은 나를 다시 책 앞으로, 다시 책 앞으로 이끌었다.

20년 가까운 시간이 흘렀지만, 그날 교수님의 목소리와 표정, 내 가슴 깊숙이 퍼져 왔던 감정은 지금도 선명하게 살아 있다.

데일 카네기는 말했다. "다른 누군가가 당신을 믿는다면, 당신은 그 누구도 예상치 못한 일들을 해낼 수 있다."고. 그 시절 나는 아직 데일 카네기의 책을 읽어 본 적 없었지만, 그 말의 의미를 온몸으로 체험하고 있었다. 내 자신보다 나를 더 먼저 믿어 준 그분 덕분에 나는 이제껏 감히 꿈꾸지 못했던 길 위에 설 수 있었다.

교수님은 내 앞에서 직접적인 칭찬을 하시는 분은 아니었다. 하지만 다른 교수님들과 나에 대한 이야기를 나누실 때면 그분의 신뢰와 애정을 느낄 수 있었다. 뭔가를 강요하거나 조급하게 다그치지 않으셨고, 늘 학생의 리듬을 존중해 주셨다. 연구 주제와 방향은 언제나 내 손에 맡겨졌고, 교수님은 조용히 내 곁에서 함께 고민하고 의견을 더해 주셨다.

그런 방식이 나와 잘 맞았기에, 학부 시절보다 석사 과정이, 석사보다 박사 과정의 시간이 더 좋았다. 물론 늘 기쁘고 즐겁기만 했던 것은 아니다. 육아와 연구를 함께 한다는 건, 때론 두 개의 거대한 산을 오르는 것처럼 숨이 차고 버거운 일이었다. 피로에 짓눌려 조용히 주저앉은 날도 있었고, 밤잠을 설친 채 논문 한 줄 앞에서 머뭇거리던 날도 적지 않았다.

그런데 아이러니하게도, 그 무게를 견디게 해 준 것도 결국 '연구'였다. 삶의 벼랑 끝에서 나를 다시 붙잡아 주고 지탱해 준 것도 다름 아닌 바로 '연구'였다.

세월이 흘러 나는 불서에서, 심리학에서, 자기개발서에서, 사람들의 이야기에서 비슷한 글을 마주한다.

"인정받고 싶은 마음은 인간 본성이다."

아마도 내가 박사 논문에 그토록 진심을 다할 수 있었던 것은, 지도교수님의 인정과 격려라는 보이지 않는 거름이 내 안의 열정과 만나 오랜 시간 발효되어 꽃을 피운 것이었을 것이다. 고향에선 느끼지 못했던 '인정받는 감정'을 나는 타국 일본에서, 존경하는 그분의 말과 눈빛에서 처음으로 느꼈다. 많은 이가 필요없었다. 그 한 분이면 충분했다.

누군가의 믿음이 얼마나 큰 울림과 용기가 되는지, 나는 그 시절의 나를 통해 온몸으로 배웠다. 그래서 오늘, 나도 누군가에게 그런 눈빛 하나, 말 한마디를 건네려고 한다. 그 믿음 하나가, 한 사람의 마음을 살리고, 한 사람의 인생을 비추는 등불이 될 수 있다는 걸 오래도록 기억하며 살고 싶다.

연구와 육아의 병행 끝에 만난 육체적 한계

박사 과정 3년 차, 나는 결심했다. 이 1년 안에 학위 논문을 완성해 반드시 제출하겠노라고. 알바도 접고, 오롯이 연구에 몰입하자. 아, 아니지. '오롯이 연구'라고 했지만, 빠뜨릴 수 없는 것이 있다. 바로, 육아. 연구만 하고 어찌 엄마의 임무를 내려놓을 수 있으랴.

알바를 하지 않고 연구에 집중할 수 있다는 건, 유학 생활 중 처음이자 마지막인 '호사'였다. 운 좋게도, 1년간 기숙사 거주가 허락되었고 지난해부터 받는 로터리클럽 장학금, 매달 15만 엔이 있었기에 가능한 일이었다.

만약 논문을 그해 제출하지 못한다면, 장학금도 끝, 기숙사도 떠나야 했다. 육아와 아르바이트, 그리고 연구까지 감당해야 할 4년 차의 삶은 생각만으로도 숨이 막혔다. 그래서 3년

차, 지금 1년의 시간이 나에겐 전부였다. 다행히도 연구 주제는 석사 논문의 연장선에 있었기에 바로 몰입할 수 있었다.

아기는 생후 5개월 무렵부터 시립 보육원에 다녔다. 운 좋게도 추첨에 당첨된 데다, 소득이 없는 우리 부부에겐 보육료가 면제되었다. 그날, 남편과 나는 기쁨의 환호를 질렀다.

아침 8시 반부터 저녁 5시까지 운영되는 보육원에 아기는 잘 적응해 주었고, 매일 무럭무럭, 건강하게 자라 주었다. 다만 식탐이 남달라, 아무리 먹어도 배가 부르지 않은 듯했다. 출산 두 달쯤 되어 시어머니가 대만에서 오셨을 때, 통통 살이 오른 손자를 보고 깜짝 놀라셨다. 우리는 매일 보느라 크게 느끼지 못했지만, 시어머니는 걱정스러운 표정으로 "이렇게 살이 쪄서야…" 하셨다.

나는 시골에서 자라며 늘 완력이 부족하다는 말을 들었다. 농사일을 도울 때마다 무거운 것을 들지 못해 부모님께 혼나던 기억. 그 부족한 완력이 육아에서도 문제였다. 점점 무거워져 가는 아들을 안다 보니 손목에 통증이 찾아오기 시작했다. '손목터널증후군'이었다.

손목이 아프다고 아기를 안지 않을 수도 없었고, 음식을 만들어야 하니 칼질도 멈출 수 없었다. 아기가 자라는 만큼, 통증도 점점 자라났다. 처음엔 안아 줄 때만 아팠던 손목이 점점 옷을 갈아입히는 것조차 힘들어지고, 물건을 드는 일, 옷 단추를 채우는 일, 젓가락질이나 볼펜을 쥐는 작은 동작 하나하나가 점점 버거워졌다.

출퇴근 시간의 도쿄 전철은 늘 사람으로 터질 듯했고, 누군가가 내 몸을 스치기만 해도 비명이 새어 나올 만큼 고통스러웠다. 병원에서는 전기 치료를 받았고, 누군가의 소개로 앞이 보이지 않는 50대의 침술사를 찾기도 했다. 어릴 적 약을 갖고 놀다 실명되었다는 그분은 마르고 딱딱하게 굳은 내 팔에 긴 침을 찌르며 말했다.

"몸을 혹사시킨 결과예요. 대가를 치러야죠."

병원에서도, 침술사도 말했다. 무엇보다 수면이 중요하다고. 손을 쉬게 하라고. 하지만 그들의 말대로라면, 육아도, 연구도 모두 멈춰야 했다.

나는 어깨부터 손목까지 붕대를 칭칭 감고 움직임을 최소화하며 일상을 이어 갔다. 밤 9시, 집 안의 불을 끄고 아기를 재운 뒤 조용히 일어나 책상 앞에 앉았다. 붕대 감은 팔을 조심스레 책상 위에 올리고 천천히 살살 키보드를 눌렀다.

한밤중 화장실에 가려고 일어난 남편은 그런 내 모습을 보고 혀를 차기도 하고, 화를 내기도 했다. 때로는 거친 말이 입에서 튀어나왔다.

"당신, 꼭 그렇게까지 해야겠어? 생명을 갉아먹으면서까지."

새벽 3, 4시. 그제야 자리에 누웠고, 5시쯤이 되면 아기가 울며 나를 깨웠다. 남편이 아기를 안고, 나는 부엌으로 향했다. 빈 우유병 하나 조차 들기 힘겨웠다. 팔이 말을 듣지 않아 '아…' 소리가 저절로 새어 나왔다.

아침이면 팔은 더 이상 내 몸의 일부가 아니었다. 감각이 사라지고, 피가 돌지 않아 첫 움직임이 견디기 힘들 만큼 고통스러웠다. 너무 아파서 그 팔을 도려내고 싶다는 생각까지 들었다.

고통을 잊게 한 몰입

그해 도쿄의 겨울은 유난히 매서웠다. 박사 논문 제출을 한 달 앞둔 2월, 우리 아기는 단 7일만 보육원에 맡길 수 있었다. 일본의 보육원은 아침마다 입구에서 간호사가 체온계를 들고 기다리고 있다. 기준 체온보다 높으면 그날은 돌봄이 거절된다. 보육원 앞에서 마주친 워킹맘들의 표정이 하나같이 굳어 있었던 건, 그 때문이었다.

겨우내 감기와 싸우며 며칠 집에서 간호한 뒤 보육원에 보내면 하루도 채 안 되어 다시 감기에 걸려 돌아왔다. 이렇게 되풀이되기를 한 달, 결국 그 달의 출석 일수는 고작 7일.

"엄마가 바쁘면 아기가 자주 아프다."

어르신들의 말이 틀리지 않았다.

낮 시간에도 아기를 돌보는 날이 많아지자 나의 수면 시간은 더 줄었고, 팔과 어깨의 상태는 걷잡을 수 없이 악화되었다.

2월 중순, 초안을 완성해 지도교수님께 우편으로 보내고 일주일 뒤 직접 연구실을 찾아뵈었다. 교수님은 변함없이 꼼꼼하게 읽고, 세심한 조언을 건네주셨지만 나는 더 이상 펜을 들 수 없었다. 그 모습을 보신 교수님은 아무 말 없이, 내 옆에서 직접 메모해 주셨다. 그 메모를 집으로 가져와 천천히 조심스럽게 타이프 치며 마지막 다듬기를 이어 갔다.

3월 4일 아침. 인쇄된 논문 7부를 가방에 넣고 나는 조심스레 어깨에 메었다. 출근 시간은 지나 전철 안은 한산했다. 가방을 내려놓았다 다시 드는 것이 엄두가 안 나서, 그대로 메고 교무과까지 향했다. 학위 논문 제출을 전하자, 직원은 붕대 감은 내 팔을 보고 곧장 일어나 가방을 받아 주었다.

그렇게 나는 박사 과정 3년 차에 학위 논문을 제출했다. 남은 건 논문 심사와 구두 심사이다. 그 시점에서, 나는 우리 제미에서 가장 이른 시기에 학위 논문을 제출한 사례가 되었다.

논문을 제출하고 돌아오는 길, '해냈다!'는 성취감도 그 어떤 감정도 올라오지 않았다. 비어 있는 전철 의자에 털썩 몸을 맡기자, 온몸의 기운이 빠져나가듯 상반신이 힘없이 쓰러졌다. 한참 동안 그 자리에 그렇게 누운 채로 있었다. 술에 취한 사람처럼 고꾸라진 나를 보고 옆자리의 일본 여성이 걱정스럽게 말을 걸어왔다.

"다이죠부데스까(괜찮으세요)?"

어깨를 흔드는 그녀에게, 나는 대답할 기력조차 없었다.

논문을 제출하고 나서야 비로소 나는 내 몸이 얼마나 망가져 있었는지를 직시하게 되었다. 1년 내내 잊은 적 없는 통증이었지만 정작 나 자신을 바라볼 겨를조차 없이 흘러온 시간이었다. 성취감보다 앞섰던 감정은 내가 내 몸을 마음대로 움직일 수 없다는 데에서 오는 깊은 우울함과 공허감이었다. 상반신 오른쪽은 열증이 가득한 듯 조금만 움직여도 극심한 고통이 몰려왔다.

논문 제출 소식은 금세 선후배들 사이로 퍼져 나갔고 그들의 반응은 각양각색이었다. "해냈구나!" 하며 박수를 보내는 이. "어떻게 그렇게 독하게 했어요?" 은근히 거리를 두는 이. "학위가 정말로 절실했나 봐요." 하며 묘한 시선을 보내는 이. "도대체 어떻게 그렇게 열심히 할 수 있죠?"라며 고개를 갸웃하는 이.

결혼한 지 얼마 되지 않은 한 남자 후배는 말했다.

"선배 때문에… 우린 이제 어떤 핑계도 못 댈 것 같아요."

그리고 덧붙였다.

"선배는… 슈퍼우먼이네요."

그 말 앞에서 나도 스스로에게 물어보지 않을 수 없었다.

'나는 왜 이렇게까지 했을까? 무엇을 위해 이 모든 걸 견딘

걸까?'

나는 박사 학위가 절실해서 공부한 것도, 교수가 되고 싶어서 시작한 것도 아니었다. 그저 하고 싶었던 공부를 내 한계까지 가 보고 싶었을 뿐이었다. 그게 나의 꿈이었고, 스스로와의 약속이었다.

대만으로 삶의 기반이 옮겨질 것을 알았기에 설령 학위를 따더라도 전임 교수가 되기는 어렵다고 생각했다. 일문학 전공자로서, 한국인이 대만에서 일본어 교수직을 얻는 건 거의 불가능하다고 생각했기 때문이다. 어차피 시간강사로 살아갈 거라면 굳이 학위까지…. 그럼에도 나는 멈추지 않았다.

무엇이 나를 그 길로 이끌었을까? 아마도 나를 끝까지 믿고 격려해 준 교수님께 보답하고 싶다는 마음이 있었을 것이다. 그러나 그것만으로는 육체적인 고통 앞에 주저앉았으리라.

그 모든 고통을 견딜 수 있게 한 힘. 그것은 다름 아닌 '몰입'이었다. 어깨부터 손까지 칭칭 감은 팔을 천천히 책상 위에 올릴 때마다 그 통증은 날카롭게 몰려왔다. 키보드를 두드리는 손끝의 진동이 팔을 타고 어깨로 올라갈 때는 살을 에는 고통이 되어 돌아왔지만, 일단 연구에 빠져들면 통증을 잊을 수도 있었기 때문이다.

그 몰입의 힘이, 나를 다시 키보드 앞으로 이끌었고 새벽 서너 시까지도 책상 앞에 앉아 있게 했다. 그래서 나는 생각한다. 고통을 견딘 것이 아니라 몰입이 고통을 덮어 준 것이라고.

박사 논문을 쓰는 동안 나는 노트 한 권조차 남기지 못했다. 펜을 잡을 수 없었기에 떠오르는 생각을 적을 수도, 붙잡아 둘 수도 없었다. 지금이었다면, 휴대폰으로 음성 메모라도 했을 테지만 그땐 오직 머릿속에서만 생각을 붙잡고 있어야 했다. 그래서였을까. 그 생각들이 사라지지 않도록 나는 더욱 깊이 집중했고, 그 몰입이 나를 여기까지 이끌었다.

그리고 아주 훗날, 나는 알게 되었다. 몰입에도 '기술'이 필요하다는 것을. 그때, 그 사실을 조금만 더 일찍 알았더라면. 내 몸을 그렇게까지 망가뜨리진 않았을지도 모른다.

기억 너머의 은혜들

 청춘의 절정이라 불리는 20대 중반, 나는 도쿄로 건너갔다. 일본어 학교에서의 어학 연수를 시작으로 학부, 석사, 박사 과정을 지나며 총 11년을 그곳에서 보냈다. 이성적으로 생각하면 불가능에 가까웠던 여정이 현실이 될 수 있었던 건 나 혼자만의 힘이 아니라, 숱한 도움의 손길 덕분이었다.

 이 글을 쓰며 지난 시간을 조용히 되짚다 보니, 잊고 지냈던 얼굴들이 하나둘 떠올랐다. 잊어서는 안 될 이들인데…. 그 시절, 내 곁에 있어 주었던 고마운 사람들.

 일본어도 서툴던 내가 첫 아르바이트를 하던 식당. 서툰 손님 안내에도 "일을 잘한다"며 월급을 더 챙겨 주시고, 자투리 시간에 커피숍에서 공부하던 내게 "커피값 아끼라"며 식당 구석 테이블을 내어 주셨던 사장님. 무일푼으로 도쿄에 도착한 내게 그 따뜻한 배려는 더없는 격려와 용기가 되어 주었다.

　대학 진학 후 학교 근처에서 시작한 편의점 아르바이트. "식비라도 아끼라"며 도시락과 우유를 싸 주던 말 없는 사장님. 감정 표현은 아주 서툴렀지만, 그분의 따뜻함은 그냥 스며들었다.

　진짜 마음을 나눌 수 있었던 건 같은 처지의 유학생들이었다. 학업과 생계의 이중고 속에서 푸념을 나누고, 웃고, 눈물 흘릴 수 있었다. 지금도 연락을 주고받는 여동생 같은 후배, 언니보다 더 언니 같은 선배. 그들은 나의 유학 여정을 함께 걸어온 동지였다.

　그리고, 공부의 즐거움이라는 걸 처음으로 일깨워 주었던 대학 1학년 K교수님의 강의. 문법이라는 낯선 영역에서 공부의 즐거움을 처음 느끼게 해 주신 분이다. 그 강의는 내게 연구라는 세계의 문을 여는 열쇠가 되었다.

　무엇보다 내가 가장 감사드려야 할 분은 나의 지도교수, 하야쯔 에미꼬(早津惠美子) 교수님이시다. 기다려 주시고, 격려해 주시고, 무한히 믿어 주셨던 분. 그분의 인정과 믿음은 내가 어떤 고난도 이겨 낼 수 있는 뿌리가 되어 주었다.

　또 하나 빼놓을 수 없는 고마움, 바로 일본의 복지였다. 국립대학의 수업료는 사립의 절반 정도였고, 당시 외국인 유학생 대부분은 수업료 면제 혜택을 받았다. 장학금도 다양한 기관에서 지급되었고, 그 돈으로 월세를 해결할 수 있었다. 생활비는 아르바이트로 충당했고, 석사 · 박사로 올라가면서 장학금 액수도 커졌다. 그래서 마지막 해에는 아르바이트 없이 논문에만 집중할 수 있었다.

출산과 육아에 대한 지원도 놀라웠다. 수입이 없었던 우리 부부는 출산비 전액을 지원받았고, 육아 장려금으로 약 35만 엔 정도를 받았다. 무엇보다 감격스러웠던 건 보육원비. 시립 · 공립 보육원은 부모의 소득에 따라 책정되었고, 무수입자였던 우리는 전액 면제 혜택을 받았다.

이렇게 세심하고도 따뜻한 제도 덕분에, 무일푼인 사비 유학생이라는 불안정한 위치에서도 11년간의 유학을 완주할 수 있었고, 아기를 낳고, 키우며, 학위의 마지막 문을 넘을 수 있었다.

그래서 내게 일본은 젊은 날, 내 꿈을 온전히 불태울 수 있게 해 준 나라였고, 삶의 길에는 정답이 하나뿐만이 아님을 조용히 일러 준 나라였다. 그리고 무엇보다, '배려'라는 가치를 마음 깊이 새겨 준 나라였다.

나의 기억 용량의 한계로 인해 모든 얼굴, 모든 손길을 다 떠올릴 순 없지만 그 고마움을 잊지 않고 살아가기를 오늘도 기도한다.

무모했지만 용감했던 20대의 나에게

'시작'이라는 말엔 언제나 설렘과 함께 불안이 따라붙는다. 그래서일까. 무언가를 시작한다는 건 늘 용기를 요한다. 여기까지의 이야기를 보면, 내가 아주 용기 있는 사람처럼 보일지도 모르겠다. 하지만 실은 그렇지 않았다.

스물한두 살 무렵, 우연히 한 사람을 만났다. 서울에서 내려온 그는 제주 지사에 발령받아 와 있었고, 우리는 몇 번 가볍게 차를 나누는 사이였다. 어느 날, 커피숍에서 그가 느닷없이 말했다.

"경보 씨, 일본에 가서 공부하지 않을래요?"

"제가요? 왜 하필 일본이죠?"

"실은요, 경보 씨 만나기 전에 일본 지사로 파견 신청을 했었는데 통과됐어요. 다음 달에 도쿄로 떠나요."

나는 당황스러웠다. 해외에 나가겠다는 생각은 단 한 번도 해 본 적이 없었고, 무엇보다도 '가족들에게 뭐라고 설명해야 하지?' 하는 변명 같은 걱정이 먼저 앞섰다. 그때 그의 제안은 내게 기회가 되지 못했다.

기회란, 우리가 붙잡고 실행에 옮길 때 비로소 '기회'가 된다. 기회를 붙잡게 해 주는 건 '용기'지만, 그 용기를 이끄는 진짜 힘은 '간절함'이다. 우리가 한 발 내딛지 못하는 이유는 능력이 없어서가 아니라, 아직 간절함이 덜 익었기 때문일지도 모른다.

나는 한때, 내게 그런 능력은 없다고 믿었고, 감히 넘볼 수 없는 세계라며 스스로 선을 그었다. 하지만 지금 돌이켜 보면, 그 한계는 바깥에서 누군가에 의해 정해진 것이 아니라 내 안에서 스스로 그어 버린 선이었다.

무언가를 하고 싶다는 마음이 든다면, 그건 이미 우리 안에 그것을 해낼 수 있는 힘이 깃들어 있다는 증거다. 간절함이 극에 달하면, 사람은 더 이상 치러야 할 대가를 따지지 않게 되는 것 같다. 꿈을 이루기 위해서는 분명 대가를 치러야 하지만, 그 대가가 얼마나 크고 무거울지에 대해선 깊이 생각하지 않았다. 무모하다고 말한다면, 이보다 더한 무모함이 어디 있을까? 하지만 바로 그 무모함 덕분에 가능한 도전이었다.

그때의 나는 치러야 할 대가보다, 지금 당장 꿈의 실현을 위해 해야 할 일에 더 집중했다. 그 간절함은 결국 유학이라는 여정의 문을 열어 주었고, 역경을 견디는 나만의 단단한 버팀목이 되어 주었다.

하루하루에 몰입하다 보니, 결과가 어떻게 될지, 원하는 방향으로 흘러가지 않으면 어쩌나 하는 불안조차 느낄 겨를이 없었다. 그렇게 몰입은 내게 축복으로 다가왔고, 나는 연구의 세계로 깊숙이 들어갔으며, 그 속에서 나 자신을 천천히, 그리고 단단하게 빚어 갈 수 있었다.

일본의 경영학자 오마에 겐이치는 말했다.
"인간이 바뀌는 방법은 세 가지뿐이다. 시간을 다르게 쓰는 것, 사는 곳을 바꾸는 것, 새로운 사람을 만나는 것. 그 외의 결심은 의미가 없다."

내 유학 생활은 이 세 가지 변화가 한순간에 이루어진 결정체였다. 그래서 나는 완전히 다른 삶을 누리는 사람으로 거듭 태어날 수 있었다.

젊은 날의 도전 정신은 세월 속에 조금 바랬을지 모르지만, 그 불씨는 여전히 내 안에서 조용히 숨 쉬고 있다. 나는 여전히 배우고 싶다. 무언가를 익히지 않으면 마음이 스산해지고, 마치 바람 빠진 타이어처럼 힘이 빠진다. 그건 어쩌면 내 안의 잠재의식이 조용히 보내는 신호인지도 모른다.

나는 오늘도 내 학생들에게 말한다. 스스로를 너무 일찍 가

두지 말라고. 가능성 앞에서 주저하지 말고, 한계를 미리 정해 두지 말라고. 그건 내가 온몸으로 겪고, 시간을 지나며 비로소 깨달은 말이다.

  이제는 알 것 같다. 결핍은 단순한 부족함이 아니라, '결핍'이라는 이름으로 포장된 삶의 숨은 선물이라는 것을. 나는 20대의 나에게 깊이 감사한다. 그 무모했던 도전을 망설이지 않았던, 두려움 속에서도 한 걸음 내딛었던 그 젊은 시절의 내게. 그 용기 덕분에 지금의 내가 있다. 이제는 그 시절의 나에게 진심을 담아 말하고 싶다.

  "정말 수고했어. 그리고 고마워."

2부

대만, 나를 다시 빚어낸 시간들

지도 없는 인생길이라지만, 이방인의 여정은 유난히 안개가 짙었다. 마음 기댈 곳 없는 이방인의 삶은 외롭고, 불안했고, 때로는 벽처럼 무막했다. 하지만, 인간의 생명력은 그렇게 쉽게 꺾이지 않았다. 깊이 주저앉았기에, 다시 일어서려는 힘도 더 강렬했던 것일까.

고장 난 몸으로 시작한 대만 생활

2006년 3월, 박사 논문을 제출하고 생후 14개월 된 아들을 안고 남편을 따라 대만으로 향했다. 공항에 마중 나온 시댁 식구들은 내 모습을 보고 흠칫 놀라는 기색이었다. 오른쪽 어깨에서 손목까지 온통 붕대로 칭칭 감겨 있었기 때문이다.

우리는 예정대로 시댁에 들어갔고, 내 몸은 반불구나 다름없는 상태였다. 육아로 시작된 손목 통증은 학위 논문을 마무리할 무렵엔 악화될 대로 악화되어, 오른쪽 팔과 어깨를 거의 쓸 수 없게 되어 있었다.

일본을 떠나기 전, 지도교수님과의 마지막 식사 자리에서 나는 겨우 왼손으로 포크를 들어 식사를 이어 갔다. 그런데 구운 생선이 나오는 바람에, 결국 포크를 내려놓고 맨손으로 들고 먹을 수밖에 없었다.

대만에 도착한 후에도 식사 시간은 하나의 숙제가 되었다. 이곳은 젓가락 하나로 밥과 반찬을 모두 집어 먹고, 숟가락은 아이들이나 쓰는 것으로 여기는 문화 속에서, 나는 그 젓가락질을 못해 따뜻한 한 끼 식사조차 버거운 일이 되어 버렸다.

어느 날, 시어머니가 점심에 국수를 사 오셔서 먹으라 했다. 나는 식탁 위에 있는 국수를 보며 어떻게 먹어야 하나 궁리하고 있었는데, 마치 내 마음을 읽기라도 한 듯 시어머니는 어린 손자들에게 먹일 때 하는 것처럼 가위로 국수를 잘라 주셨고, 나는 왼손으로 숟가락을 들어 천천히 국수를 떠먹었다.

화장실에서도 큰 문제였다. 가까스로 바지를 벗긴 했지만, 볼일을 본 후 단추를 채우는 게 너무 힘들었다. 손가락의 미세한 조작이 불가능했던 것이다. 아기 옷을 갈아입히는 것도, 안아 주는 것도 내게는 엄두조차 낼 수 없는 일이 되어 버렸다.

도착 다음 날부터, 나는 거의 일상생활이 어려운 몸을 이끌고 병원을 전전했다. 수술을 권하는 병원도 있었지만, 잘못되면 평생 장애가 남을 수 있다는 말에 수술은 마지막 선택지로 남겨 두기로 했다. 대신 대만에서 흔히 찾는 '투이나(推拿, 한국의 접골원에 해당)'를 받기로 했다.

보험이 적용되지 않아 전액 자비 부담이었지만, 어깨 통증이나 운동 부상에 효과적이라기에 희망을 걸었다. 그러나 그 치료는 말 그대로 고통 그 자체였다. 움직이는 것조차 힘든 상황인데, 아픈 부위를 누르고 밀고 비트는 고통은 참기 어려웠고, 치료가 끝나면 속옷까지 흠뻑 젖을 만큼 식은땀이 흘렀다. 집에 돌아오면 상반신 전체가 욱신거려 앉아 있기도, 누워 있기도 힘들었다.

하지만 기적처럼, 두 번째 치료를 받은 다음 날 아침, 나는 내 팔이 들리는 것을 보았다. 플라스틱 빈 우유병조차 들 수 없었던 팔이, 조금씩 움직이기 시작한 것이다. '이 고통을 견디면 나을 수 있겠다'는 희망이 생겼다.

처음엔 일주일에 한 번 치료를 받았다. 치료 후 3일은 몸을 건드릴 수도 없을 만큼 욱신거렸고, 4일쯤 지나서야 통증이 서서히 가라앉았다. 그리고 3개월쯤 지나자 치료 횟수를 일주일에 두 번으로 늘렸다. 통증이 가라앉기도 전에 다시 치료를 받으러 갔던 것이다. 하루라도 빨리 낫고 싶었기 때문이다.

그렇게 반년이 흐른 후, 나는 칠판 앞에 서서 팔을 들어 글을 쓸 수 있게 되었다. 그리고 그 치료는 1년 반 이상 이어졌다.

• 대가족 속, 나의 대만살이

대만에서의 삶은 시댁의 대가족과 함께 시작되었다. 시부모님 두 분, 시동생 가족 네 명, 독신인 형님 한 분, 그리고 우리 세 가족까지, 총 열 명이 한 지붕 아래 함께 살았다. 숫자로 보나, 분위기로 보나 '대가족'이라는 말이 과하지 않았다.

이 집의 구조는 한국과는 조금 달랐다. 5층 건물로, 1층은 주차장이나 점포로 활용되고, 2층에는 공용 거실, 부엌과 방 하나, 3층부터 5층까지는 각 층에 방이 두 개씩 있었다. 각 가족에게 각자의 방이 있지만, 부엌과 식탁, 거실은 공유하는 생활이었다. 이런 대가족의 생활은 물론 대만의 보편적인 가족 형태는 아니었다. 대만도 한국처럼 핵가족이 대세이고, 싱글이나 2~3인 가구도 흔하다. 시댁의 이런 라이프 스타일은 부모님의 의지가 반영된 결과였다.

나는 일본 유학을 마치고 막 대만에 들어왔을 때, 이곳의 생활문화에 대해 거의 아는 것이 없었다. 유학 전 타이베이에서 1년간 어학 연수는 했지만, 그때의 나는 자유로운 유학생이었고, 지금은 대만인 남편의 아내이자 시댁의 며느리, 그리고 아기의 엄마였다. 같은 대만이지만, 역할이 바뀌니 전혀 다른 세상이었다.

대가족 속의 생활은 내게 '배움의 시간'이기도 했다. 시댁의 생활문화, 대만의 음식, 언어, 문화를 자연스럽게 익혀 가는 시간이었다. 가족들은 외국인인 나를 따뜻하게 맞아 주었고, 서툰 나를 배려하고 도와주었다. 특히 정서적 공감 능력이 부족했던 남편의 자리를 시댁 식구들이 많이 메워 주었다.

처음 대만에 왔을 때, 나는 아직 일을 시작하지 않은 상태였고, 시어머니는 가끔 용돈을 주시기도 했다. 일본 유학 시절 방학 때 대만에 왔을 때처럼, 그 돈으로 생활했다. 옷도 직접 골라 사 주시곤 했는데, 솔직히 옷은 원치 않았지만 그 마음만은 고마웠다. 그런 시어머니를 보며, 타국에서 친엄마로 여기며 살겠다고 마음먹었다.

그러나 문화적 차이와 언어 장벽은 어쩔 수 없는 불편함을 만들었다. 대만에서는 중국어, 대만어, 원주민 언어가 혼재해 사용되는데, 시댁 식구들은 일상에서 주로 대만어를 썼다. 나와 중국어로 시작한 대화가 어느새 대만어로 전환되는 경우가 허다했다. 익숙한 언어가 무의식중에 튀어나오는 건 자연스러운 일이라며 머리로는 충분히 이해가 갔지만, 가끔씩 느껴지는 소외감은 어쩔 수 없었다.

내 중국어는 일본 유학 전에 1년간 타이베이 사범대에서 어학 연수한 게 전부였다. 일본에서도 틈틈이 공부하긴 했지만, 남편과는 일본어로 대화했기에, 중국어 실력은 여전히 기초 수준에 머물러 있었다. 시댁 식구들과 깊이 있는 대화를 나누기엔 턱없이 부족했다.

하루는 시어머니께 "어젯밤에 늦게 자서 아침에 일찍 일어나지 못했어요."라고 말하려다 잘못 말했다. '늦게 자다(晚睡, wǎn shuì)'와 '물놀이하다(玩水, wán shuǐ)'의 발음이 같아서, 성조를 잘못 말하는 바람에 "어젯밤에 물놀이하느라 못 일어났다."고 말한 셈이 되었다. 시어머니의 놀란 표정이 잊히지 않는다.

이런 에피소드는 집에서뿐만 아니라 학교에서도 빈번했다. 한 한국인은 "가방(包包 bāobāo) 사고 싶다."고 말하려다 성조를 잘못 써서 "포옹(抱抱, bàobào)해 주세요."로 전달되어 큰 웃음을 자아낸 일도 있었다. 중국어를 배운 한국 사람이라면 성조가 얼마나 큰 부담인지 알 것이다.

식사 문화에 적응하는 데도 시간이 걸렸다. 시댁은 가족 수가 많다 보니, 모두가 동시에 식탁에 앉는 일은 드물었다. 반찬을 차려 두면, 각자 편한 시간에 와서 먹는 방식이었다. 이

론적으로는 효율적인 시스템이었지만, 어른들보다 먼저 식사 하는 일이 내게는 심적으로 꽤 부담스러웠다.

요리를 배우고 주방일을 돕기 위해 일찍 부엌에 들어갔고, 식사 준비가 끝나면 시어머니는 늘 내게 먼저 먹으라고 권하셨다. 하지만 어른들이 식사하기 전, 혼자 앉아 먹는 밥상은 왠지 불편했다. 무슨 맛인지도 모르겠고, 종종 체한 듯 속이 답답하기도 했다.

언어, 문화, 생활 습관… 모든 것이 낯설고 어색했다. 집 안에 있어도 마음 편히 쉴 수 없었다. 내가 이해하지 못하는 언어가 오갔고, 내 의지와는 상관없이 생활의 리듬이 정해지는 구조였다. 외국인 며느리라는 정체성은, 아무리 애써도 벗을 수 없는 옷처럼 느껴졌다.

게다가 동생네 아이들과 우리 아이들이 함께 놀다가 다툼이라도 생기면, 이를 대처하는 어른들의 방식이 제각각 달라, 말로 설명하기 어려운 미묘한 감정들이 생겨나곤 했다. 가끔 만났다면 피할 수 있었을 감정들이 매일같이 반복되었다.

일본 유학 시절, 나는 남편에게 "대가족이 함께 사는 건 이상적이긴 해도 현실적이지 않다."고 말하곤 했다. 그때 남편은 "살아 보지도 않고 왜 그렇게 부정적으로 보느냐"고 나를 나무랐다. 하지만 막상 함께 살아 보니, 남편 역시 불편함을 느끼는 듯했다. 결국 2년쯤 지난 어느 날, 남편이 부모님께 독립을 선언했고, 석 달 뒤 우리는 집을 나왔다.

그렇게 나의 궤만살이는 대가족 속에서 시작되었다. 그리고 2년간의 대가족 생활이 막을 내린 뒤, 시댁 근처의 아파트에서 비로소 우리 가족만의 삶이 시작되었다.

• 오토바이 면허, 대만살이의 첫 관문

"대만에서 살려면 오토바이 탈 줄은 알아야 해."

대만에 온 지 얼마 되지 않았을 무렵, 남편이 무심히 던진 말이었다. 그 말을 듣고 주의 깊게 보니, 시댁에는 어른 수만큼이나 오토바이가 있었다. 출근도, 장보기에도, 어디를 가든 그들의 발은 늘 오토바이였다. 지하철도 개통되기 전이라 대중교통이 마땅치 않았던 그 시절, 가오슝 거리엔 자동차보다 오토바이가 훨씬 많았다.

무더운 열대의 기후까지 더해지니, 오토바이만큼 실용적인 이동 수단도 드물었다. 당시 가오슝은 말 그대로 '오토바이 천국'이었다. 그리하여, 내게 주어진 첫 과제는 오토바이 면허증을 따는 일이었다.

나는 일본에서 11년 동안 자전거로 어디든 다녔다. 그래서 생각했다.

'자전거에서 속도 좀 내면 그게 오토바이지 뭐. 뭐 대단한 게 있다고.'

당시 나는 자동차 면허도 없었다. 유학 전 고향에서 잠깐 운전을 배우다 말고 떠났기에 정식 시험을 본 적조차 없었다.

오토바이 면허도 필기와 실기로 나뉘어 있었고, 시험 언어는 중국어 외에도 영어, 일본어를 선택할 수 있었지만 나는 굳이 중국어를 택했다.

'공부 삼아, 도전해 보자.'

사실 지금 생각하면 그럴 필요까진 없었지만 말이다. 남편에게 오토바이 타는 법을 배우며 조용한 도로를 찾아 연습했지만, 막상 시동을 걸고 핸들을 잡는 순간 아찔했다. 이건 자전거와 달랐다. 속도가 붙자 중심 잡기도 힘들었고, 도로에 나서자마자 패닉 상태에 빠졌다.

앞뒤, 양옆에서 쉼 없이 들이닥치는 오토바이들, 옆으로, 앞으로, 틈만 나면 파고드는 움직임. 나는 완전히 포위당한 기분이었다. 현기증이 일었고, 언제 충돌해도 이상하지 않을 만큼 아찔했다.

'나… 포기하고 싶어.'

그 말이 목 끝까지 차올랐지만, 나는 이를 악물고 꾹 삼켰다.

첫 관문인 필기 시험은 며칠간 준비한 끝에 단번에 합격했다. 시험 두 번 만에 붙은 조카가 나를 보며 "대단하다"고 했을 땐 왠지 모르게 뿌듯했다. 하지만 진짜 고비는 실기 시험이었다. 시험장에 간 날, 남편은 태연하게 말했다.

"봐, 저렇게만 하면 돼. 별거 아니야."

"그래? 별거 아니야?"

눈으로 보기엔 정말 쉬워 보였다.

하지만 첫 번째 코스인 1자 직선에 들어서자마자 오토바이는 휘청, 그대로 쓰러졌다. 시작선을 넘자마자 탈락. 다음 코스로 넘어가 볼 기회조차 없이 불합격. 두 번째 도전도 마찬가지였다. 남편은 "몸의 균형감이 부족한 것 같다."고 했고, 나는 시험장 옆 연습장에서 땡볕 아래 땀을 뻘뻘 흘리며 맹연습에 돌입했다.

대만 사람들은 어릴 때부터 오토바이 뒤에 타며 자연스럽게 몸으로 감각을 익힌다. 만 18세가 되기도 전에 몰래 몰기도 하니 실기 시험 정도는 거뜬히 통과하는 경우가 많다. 남편도 그중 하나였을 것이다. 그랬기에 "별거 아니야." 같은 말이 쉽게 나왔던 것이다. 하지만 내겐 달랐다. 며칠을 시험장을 오가며, 햇볕이 내리쬐는 아스팔트 위에서 진땀을 흘리며 혼자 맹연습을 했다.

세 번째 시험을 보러 가던 날, 나는 조용히 마음을 다잡았다. '이번에도 떨어지면, 시어머니가 사 주신 큰 오토바이는 포

기하고 동서가 타는 작은 50cc 오토바이로 바꿔 타야겠다.'

당시에는 필기시험만 통과해도 50cc 오토바이는 탈 수 있었다(2023년부터는 자동차 면허만 있어도 가능해지는 제도 변경도 생겨났다). 아마 그 다짐이 나를 조금은 편안하게 만들었는지도 모른다. 아니면 수없이 반복한 연습 덕분일까.

그날, 핸들을 잡는 손은 한결 가벼웠고 출발선 앞에 선 내 마음도 놀랍도록 안정되어 있었다. 그리고 마침내, 세 번째 도전 끝에 실기 시험을 통과했다. 면허증을 손에 쥔 순간, 나는 처음으로 마음속 깊이 이렇게 생각했다.

'그래, 나 이제 대만에서 살아갈 수 있어.'

집에 돌아가자 시댁 식구들이 박수로 나를 맞아 주었다. 짧지 않았던 연습의 시간, 수없이 삼켜 낸 포기와 두려움, 그 모든 것이 한순간에 보상받는 듯 가슴이 뜨겁게 벅차올랐다.

오토바이는 분명 편리했다. 주차는 쉽고, 짧은 거리는 자동차보다 빠르며, 무엇보다 경제적이다. 하지만 그만큼 위험도 감수해야 한다. 작은 충돌에도 크게 다칠 수 있었고, 겨울이면 살을 에는 바람을, 여름이면 타오르는 도로의 열기를 온몸으로 받아 내야 했다.

지금은 자동차를 타며 자연스레 오토바이와는 멀어졌지만, 그 면허증 하나는 긴 대만살이의 초입에서 내가 처음으로 스스로의 힘으로 거머쥔, 작지만 단단한 '살아갈 자격증'이었다.

문전박대 끝에 찾아온 기회

열심히 치료를 받은 지 반년쯤 지나자, 팔을 들어 글씨를 쓸 수 있을 정도로 호전되었다. 몸이 회복되자, 일을 찾아야겠다는 생각이 들었다. 시댁에서 생활하니 끼니 걱정은 덜했지만, 언제까지고 이렇게 지낼 수는 없었다. 우리 부부 모두 수입이 없는 상황에다, 부양해야 할 아이까지 있었기 때문이다. 남편은 여전히 박사 논문을 붙들고 씨름 중이었다.

2006년 당시, 한류가 대만에 막 퍼지고는 있었지만 지금처럼 한국어 교육 수요가 많지는 않았다. 나는 일본어 문법을 전공했기에, 대만 남부에 있는 일본어학과를 중심으로 일자리를 알아보기 시작했다. 당시의 나로선 남편의 고향이 아닌 다른 지역에 이력서를 낼 생각조차 못 했다.

남부 지역 대학교의 교수 채용 공고를 찾아 이력서를 제출하고, 몇 군데 면접도 보았다. 면접에서는 일본어와 중국어 테스트를 동시에 치러야 했다. 일본어는 11년간 일본 현지에서 공부하고 생활한지라 문제가 되지 않았지만, 문제는 중국어였다. 전임 교수로 채용되려면 행정 업무와 학생 지도를 병행해야 하기 때문에, 중국어 실력이 기본 조건이라고 입을 모아 말했다.

면접에 앞서 중국어 문장을 외워 가기도 했고, 나름 최선을 다해 어필했지만, 서툰 중국어로는 면접위원들을 설득하기엔 턱없이 부족했다. 면접 자리에서 대놓고 전임 자리는 어렵겠다는 반응을 보인 학교도 있었고, 분위기는 괜찮았지만 며칠 뒤 부정적인 결과를 알려 온 곳도 있었다.

큰 기대는 하지 않았지만, 직접 체험하는 거절은 참담했다. 당시에도 대만은 친일 성향이 강했고, 일본어 원어민 교수들도 많았다. 일본어 실력은 원어민만큼 뛰어나지 않고, 중국어 역시 능숙하지 못한 내가 일문학과에서 전임 교수로 채용되어야 할 설득력 있는 이유를 나 자신도 찾지 못하던 참이었다.

그런 중에 유일하게 한 외국어대학의 일문학과 학과장이 내게 관심을 보였다. 그는 한국어 교육 수요가 곧 증가할 것을 예견하고, 일본어와 한국어 수업이 모두 가능한 내게 호감을 가졌다고 훗날 전해 주었다. 하지만 과 교수들을 설득하는 데는 실패했다고 했다.

그즈음, 인터넷에서 '인력은행(人力銀行)'이라는 대만의 구직 사이트를 우연히 알게 되었다. 구직자와 구인자를 연결하는 대만 최대의 취업 포털 중 하나였다. 큰 기대 없이, 마치 넓은 바다에 낚싯대를 던지듯 내 이력서를 올려 두었다.

그리고 두 달쯤 지났을 무렵, 핸드폰이 울렸다. 수화기 너머로 "**대학교"라는 말이 들려왔고, 이어지는 말은 잘 알아듣지 못했다. 옆에 있던 남편에게 핸드폰을 넘겼다. 통화가 끝나기 무섭게 물었다.

"누구래?"

"**대학교 학장님."

"그 사람이 왜?"

"혹시 너 인력은행에 이력서 올렸어?"

"응, 왜?"

"그걸 보고 연락한 거야. 자기네 학교에서 일본어 전임 교수를 뽑고 있는데, 이력서를 보내고 면접 보러 오라고."

"언제?"

"다음 주."

갑작스레 걸려온 전화에 가슴이 뛰었다. 그러나 곧 식고 말았다. 면접에서의 굴욕적인 기억이 떠오르며 금세 풀이 죽고만 것이다. 학장이라는 직책으로 얼마나 영향력을 행사할 수 있을까? 그러나 마음 한구석에서는 '10%라도 가능성이 있다면 도전해 보자'는 목소리가 들려왔다.

그 학교는 집에서 고속도로를 타고 거의 1시간 정도 떨어진 거리였다. 꽤 멀었지만, 그 정도는 내게 문제가 되지 않았다.

면접 당일, 몇몇 학과에서 함께 면접이 진행되고 있었다. 시간이 되어, 떨리는 걸음으로 면접실에 들어섰다. 총장을 포함해 7명의 면접위원이 자리하고 있었고, 그중에는 나에게 전화했던 학장님과 일본인 원어민 교수도 포함되어 있었다.

중국어로 자기소개를 한 후, 몇 가지 질문이 이어졌고, 서툰 답변을 할 때마다 그 학장님이 나서서 보충 설명을 덧붙이며 내 모교에 대해 높은 평가도 해 주셨다. 원어민 교수와는 일본어로 문답이 오갔다. 그렇게 약 20분간의 면접이 진행되었다.

이 학교는 일반적인 채용 절차와는 다르게, 학교 측에서 채용 후 학과에 보고하는 방식을 택했다. 면접을 마치고 대기실에서 30분쯤 기다린 후, 곧바로 채용 통보를 받았다. 이전 면접에서는 보통 2~3주 후에 메일로 결과가 통보됐던 것과는 대조적이었다.

실로 뜻밖의 행운이었다. 나는 대만 남부의 한 사립대학 응용외국어학과에서 일본어 전공 전임 조교수로 채용되었다.

"내게도 이런 날이 오는구나!"

첫 출근 날, 캠퍼스를 들어서며, '이 학교에 내 모든 열정을 쏟아부으리라.'고 다짐했다.

• 낯선 세계에 던져진 나

처음 발령받아 들어간 일문학과에서 나는 따뜻한 환대보다 차가운 시선을 먼저 마주했다. 그 누구도 직접 말로 내게 상처를 주진 않았지만, 눈빛은 때로 말보다 선명했다. '왜 한국인을 전임 교수로 뽑았지?' 그런 질문이 묻어나는 시선이 분명히 존재했고, 나는 애써 그 시선을 모른 척하며 내 일에만 몰두하려 했다.

학기가 시작된 후엔 그나마 연구실이라는 도피처가 생겼다. 마음 놓고 숨을 돌릴 수 있는 유일한 공간. 하지만 솔직히 말하면, 동료들의 시선을 신경 쓸 여유조차 없었다. 그럴 겨를이 없었다. 눈앞에 놓인 일들이 산적해 있었고, 하루하루는 전투 같았다.

내게 주어진 과목은 상의가 아닌 통보였다. 그래도 문법 관련 수업이라는 말을 듣고는, 전공을 고려한 배려라 여기며 감사한 마음으로 받아들였다. 그런데 막상 내 앞에 닥친 가장 큰 문제는, 강의 '내용'이 아니라 사용할 '언어'였다. 일상 회화 정도야 어떻게든 되겠지만, 문법을 설명하는 건 전혀 다른 차원의 일이었다. 그 복잡한 개념들을 중국어로 풀어내는 건, 생각보다 훨씬 어려운 일이었다.

나는 도쿄 유학 시절, 일본어학교에서 경험했던 '직접 교수법'을 떠올렸다. 그 기억을 붙들고, 전 강의를 일본어로 진행해 보기로 했다. 필요할 때만 중국어를 조금씩 섞어 가며 설명했지만, 말은 자꾸 엉키고, 식은땀은 멈추지 않았다. 교탁 위에서 말하는 내내, 마주한 학생들의 얼굴은 멍하니 얼어붙어 있었다.

'이해는 하고 있는 걸까…?'

불안감이 교단 위의 등을 서늘하게 스쳤다.

학기 말, 교수 평가에 적힌 한 문장이 나를 깊은 밤까지 뒤척이게 했다.

"교수님의 일본어도, 중국어도 하나도 못 알아듣겠어요."

잔인할 만큼 솔직한 그 말 앞에서 숨이 막혀 왔다. 학생들이 원했던 건, 원어민 교수의 교수법이 아니었다. 나는 원어민도, 대만 사람도 아닌 어디에도 완전히 속하지 못한, 애매한 존재였다. 그렇다면, 나는 과연 어떤 방식으로 강의해야 할까?

답을 찾기 위해 나는 먼저 선배 교수들의 강의를 참관하기로 마음먹었다. 20년 넘게 대만에 머물며 강의해 온 일본인 원어민 교수님께 참관을 부탁드렸고, 그분은 흔쾌히 허락해 주셨다. 그의 수업은 내게 신선한 충격이자 새로운 길잡이였다. 적절한 중국어 사용과 유쾌한 예시들로 가득한 강의는 학생들의 웃음과 참여를 자연스럽게 이끌어 냈고, 그 따뜻한 분위기는 강의실 전체를 물들이고 있었다.

'맞아, 이렇게 하면 되는 거였구나.'

그의 방식을 그대로 따라 하려 하기보다는, 나만의 방식으로 풀어 가기로 했다. 굳이 대만인인 척, 원어민인 척할 필요는 없지 않은가. 궁금한 것이 생기면 자존심을 내려놓고 동료 교수들에게 물었다. 직급이 높건 낮건, 문을 두드리는 데 망설이지 않았다. 내 노력과 진심이 전해졌는지 차가운 시선이 하나둘 따뜻한 조언으로 바뀌기 시작했다.

무엇보다 강의 준비에는 많은 시간이 필요했다. 강의 내용을 정리한 뒤엔, 그것을 어떻게 중국어와 자연스럽게 섞어 전달할지를 두고 밤늦도록 머리를 싸매야 했다.

그렇게 몇 학기가 흐르자, 조금씩 나만의 리듬이 생겨나기 시작했다. 강의 준비에도 여유가 생기고, 학생들과의 소통에도 작은 자신감이 피어났다. 하지만 마음 놓을 틈은 없었다. 이번엔 또 다른 벽이 앞을 가로막고 있었다. '행정 업무'였다.

하루에도 수십 통씩 쏟아지는 이메일은 전부 중국어. 그중에는 나와 직접 관련 없는 내용도 많았지만, 그것조차 걸러 내기 어려워 하나하나 해석할 수밖에 없었다. 메일 한 통을 이해하는 데에도 한참이 걸리던 그 시절, 컴퓨터 앞에 앉는 것 자체가 큰 부담이 되었다.

'내가 이 자리에 어울리는 사람일까?'

'이 모든 걸 과연 감당할 수 있을까?'

자책과 불안이 번갈아 밀려왔고, 그럴수록 숨은 점점 가빠졌다.

어느 날은 도저히 감당이 되지 않아, 확인하지 못한 이메일들을 전부 출력해 집에 가져가 남편에게 건넸다.

"이걸 왜 다 들고 왔어? 대부분 네 일이 아니잖아!"

황당하다는 그의 말에 울컥해졌다. 메일 내용을 제대로 파악하지 못해 중요한 업무를 마감이 지나서야 알게 되는 일이 반복되면서, 컴퓨터를 켜려고 하는 순간 두통이 일곤 했다.

그리고 학과 회의는 또 다른 고역이었다. 대부분 중국어로 진행되는 회의 자리에서 나는 도시락을 먹으며 그저 묵묵히 앉아 있을 뿐이었다. 무슨 말이 오가는지 거의 알아듣지 못한 채, 그 자리에 있으면서도 어딘가 밖에 있는 사람처럼 느껴졌다. 유리창 너머에서 바라보는 나. 그 시간만 되면, 자존감은 조용히 바닥으로 가라앉았다.

낯섦과 익숙함 사이

대만에 온 지 처음 몇 년 동안, 나는 이곳 사람들과의 일상적인 접촉에서 자주 불쾌감을 느끼곤 했다. 은행이든 병원이든 관공서든, 대만 사람들의 퉁명스럽고 무심한 태도는 낯설고 불친절하게 다가왔다. 이런 감정은 한국과의 비교에서 비롯된 게 아니었다. 지금까지 11년간 살아온 일본에서의 생활, 그곳의 문화와 태도에 익숙해졌기 때문이었다.

처음 일본에 갔을 때 가장 놀랐던 것 중 하나는, 사람들의 지나칠 정도의 친절함이었다. 백화점에서 옷깃이 스치기만 해도 가볍게 고개를 숙이며 "스미마셍(죄송합니다)"이라는 말이 흘러나왔고, 공원 산책길에서도 마주치는 사람들끼리 조용히 인사를 나눴다. '미안합니다', '괜찮아요' 같은 말은 마치 입버릇처럼 자연스러웠다.

붐비는 지하철 안에서도 모두가 질서를 지키며, 다른 사람에게 폐를 끼치지 않으려 조심했다. 쓰레기가 보이지 않는 거리, 공공장소에서도 조용한 대화. 자녀 교육의 가장 중요한 가치로 '남에게 피해를 주지 말라'는 원칙이 자리 잡고 있는 사회. 나는 그 사회에 익숙해져 있었다.

그뿐만 아니라, 일본의 학교나 관공서에는 외국인을 위한 별도의 안내 데스크나 제도가 마련되어 있어, 언어만 가능하다면 외국인도 큰 불편 없이 살아갈 수 있는 나라라는 인상을 받았다. 그런 생활 속에서 나도 모르게 '배려'와 '조율'이 삶의 기본값이 되어 있었다.

그러나 대만에 와 보니, 분위기는 사뭇 달랐다. 가게에 들어가도 일본에서처럼 밝은 미소나 정중한 인사는 기대하기 어려웠고, 병원에서는 묻지 않으면 설명이 없는 경우가 많았다. 어떤 간호사는 환자를 쳐다보지도 않은 채 모니터만 바라보며 사무적으로 대답했고, 은행 창구에서는 고객이 기다리는데도 직원들끼리 담소를 나누는 모습이 당연한 듯 연출되곤 했다.

공원에서도 마찬가지였다. 에어로빅, 태극권, 사교댄스… 공공장소에서 음악을 방방 틀어 놓고 여럿이 모여 활동하는 모습은 마치 자신의 집 마당에서 편히 쉬는 듯한 느낌을 주었다. 심지어 도로에 천막을 치고 의자를 늘어놓아 결혼 피로연이나 장례식 뒤풀이를 여는 모습도 드물지 않게 볼 수 있었다

(특히 대만 남부 지역에서 볼 수 있는 풍경). 일본의 극도로 조용하고 질서 있는 분위기에 익숙했던 나로서는, 아기가 우는 소리조차 민망하게 느껴졌던 기억이 있을 만큼, 그 대조가 더욱 크게 다가왔다.

극장 안에서는 취두부, 튀김, 루웨이 같은 강한 음식 냄새가 뒤섞여 역겨움과 어지러움을 느끼곤 했다. 공공장소에서조차도 '다른 사람을 의식하지 않는' 자유로운 분위기가 당혹스러울 때가 많았다.

학교 역시 처음엔 쉽지 않았다. 외국 교수에 대한 특별한 배려나 안내가 없었다. 모든 공지와 안내는 중국어로만 이루어졌고, 문제가 생기면 내가 먼저 찾아가 묻지 않는 한 도움을 받기 어려웠다. 물론 학교나 학과마다 사정은 다르겠지만, 외국인 교수를 위한 매뉴얼이 준비되어 있는 경우가 많았던 일본과는 확연히 달랐다. 그래서 대만에서는 생활이든 직업이든, 모든 것이 스스로 부딪히고 익혀야 하는 것이었다.

그러나 5년쯤 지나자, 그런 불쾌감은 서서히 옅어지고, 낯섦도 점점 익숙함으로 변했다. 문화적 차이도 하나의 특색으로 받아들여졌고, 격식보다 유연함, 규율보다 관대함이 허용되는 이곳의 분위기가 오히려 따뜻하게 느껴졌다.

무엇보다 외국인에게 특별한 배려가 없다는 사실은, 역설적으로 '차별이 없다는 것'임을 서서히 알게 되었다. 실력과 조건이 갖추어져 있다면, 외국인도 내국인과 마찬가지로 기회를 얻을 수 있었다. 인맥 하나 없이 시작한 나조차도 대학교 전임 교수로 자리를 얻었고, 매년 시행되는 우수 교수 선정에서도 현지인들은 외국인에게도 표를 던졌다. 이곳 대만, 대만인은, 배척하지 않고 열린 자세로 외부 문화, 외국인을 수용했다.

처음에는 당황스럽고 낯설기만 했던 이곳이, 이제는 마음 편히 숨 쉴 수 있는 삶의 터전이 되었다. 그리고 나는 그 변화의 과정을 통해, '비교' 대신 '이해'로, '불편' 대신 '수용'으로 스스로를 조율해 가고 있었다.

현모양처라는 환상

그는 나와 같은 시기에 일본에 건너와, 같은 학교에서 학부부터 석사, 박사 과정까지 함께 걸어온 사람이었다. 관심사가 달라 전공은 달랐지만, 가치관은 비슷하다고 믿었다. 그는 대학 시절 '우수한 학생'으로 불리었다.

하지만 그의 마음에 시련의 그림자가 드리워진 건 아마 석사 과정 무렵부터였을 것이다. 처음 그를 알았을 땐 술은 입에도 대지 않았다. 술 마시는 사람을 싫어한다고 단호히 말하던 그였다. 그런 그가 맥주를 마시기 시작한 건 석사 논문을 쓰던 무렵부터였다. 가끔 이유 없는 분노를 터뜨리는 일도 있었다.

우리는 석사 과정에서 결혼했다. 결혼 후 머지않아 나는 그에게서 연구에 대한 열정이 점점 식어 가고 있음을 느꼈다. 박사 진학을 망설이던 그에게, 나는 먼저 대만으로 건너가 일자리를 구해 보라고 권했다. 그러나 그 결정은 시어머니 눈에 못마땅하게 비쳤다. "왜 함께 연구하자고 하지 않느냐"는 말이 돌아왔던 것이다. 어쩌면 시어머니에게 '연구'란, 대학 입시처럼 열심히 노력하면 도달할 수 있는 목표로 여겨졌는지도 모른다.

결국 그는 '한번 시험이나 봐 보자'는 가벼운 마음으로 박사 입시를 응시했고, 덜컥 합격했다. 그리고 박사 과정에 발을 들였다. 하지만 내가 박사 논문을 마무리할 즈음, 그는 여전히 진도를 내지 못하는 상태였다. "대만에 가면 1~2년 안에 끝내겠다"고 했고, 우리는 그렇게 대만행을 결정한 것이다.

하지만 대만에 온 지 1년쯤 되었을 때, 그가 말했다.
"논문, 그만두려고 해."
그러나 나는 별로 놀랍지 않았다. 곁에서 지켜본 내가 누구보다 잘 알고 있었다. 그의 마음은 이미 오래전부터 연구에서 멀어져 있었다.
"당신, 평생 시간강사로 살아갈 수 있어?"
"어. 난 직책 같은 거 신경 안 써. 연구엔 미련도 없어. 그냥 일본어 강사로 일하면서 살겠어."

나는 그의 결정을 받아들였다. 불타오르지 못하는 열정에 그를 억지로 붙들어 두고 싶지 않았다. 그저 그가 스트레스 덜 받고, 좋아하는 일을 하며 살길 바랐다. 경제적인 부담은 내가 좀 더 지면 된다고 생각했다.

그는 명예나 지위에 연연하지 않는 사람이었다. 대학 시절 내내 큰 야망 없이 소박하게 살아가던 그의 모습은 오히려 내게는 편안함으로 다가왔고, 그런 모습에 끌렸던 나는 결국 그와 평생을 함께하기로 한 것이다.

'명예가 꼭 사람을 행복하게 만드는 건 아니야. 좋아하는 일을 하며 살아가는 게 더 중요해.'

나는 그렇게 믿었다.

하지만 시댁 식구들은 그의 결정을 쉽게 받아들이지 못했다. 특히 내가 박사 학위를 먼저 취득한 이후였기에, 그들의 반응은 더 강했다.

"아내는 벌써 박사 학위 땄는데, 이제 와서 포기하면 어쩌자고."

가족 중 누군가는 그렇게 노골적으로 말하기도 했다. 남편은 그 말들에 별다른 반응을 보이지 않았다. 나는 그의 입장이 되어 시댁 식구들을 설득했다.

"적성에 맞지 않으면, 연구는 고통이 됩니다."

그땐, 내가 옳은 선택을 하고 있다고 믿었다. 부부란 서로의 부족한 부분을 채우며 살아가는 존재라 생각했다. 어쩌면 나는 그때, '현모양처'라는 환상을 그리고 있었는지도 모른다.

하지만 그 결정이 우리 부부 사이에 어떤 그림자를 드리우

게 될지는 그도, 나도, 알지 못했다. 우리는 같은 유학 배경을 가진, 같은 출발선에 선 사람들이었다. 그러나 결혼이라는 제도 안에서 '남편'과 '아내'라는 이름은 생각보다 더 많은 기대와 역할을 요구했다. 그 이름들이, 그를 서서히, 무겁게 짓눌렀던 건 아닐까.

나는 '남성이 가장이 되어야 한다'는 통념이 대만 사회에서는 덜할 거라 여겼고, 그런 부담은 그에겐 없으리라 믿었다. 하지만 시간이 흐르며 알게 되었다. 그를 둘러싼 친구들, 친척들, 그리고 "같은 유학 배경을 가진 아내"라는 조용한 비교들이 어느새 그에게도 보이지 않는 틀이 되었다는 것을.

삶은 때로 아주 작은 선택 하나가 인생의 방향을 송두리째 바꾸기도 한다. 그때는 몰랐다. 그 결정이 우리 부부 결혼 생활에 어떤 영향을 미칠지. 시간이 흐르고서야, 나는 그 순간이 얼마나 결정적인 선택이었는지를 깨닫게 되었다.

기적처럼 지나온 시간

일문학과에 취직한 지 1년쯤 되었을 무렵이었다. 낯설기만 하던 강단, 서툰 중국어도 어느덧 익숙해졌다고 느껴질 즈음. 정확히 말하면, 익숙해졌다기보다 그 서투름과 어색함에 조금씩 무뎌지고 있었던 것이다.

팔 치료는 여전히 진행 중이었다. 일주일에 한 번씩 꾸준히 병원을 다녔고, 많이 회복되긴 했지만 아직 완치에는 이르지 못한 상태였다. 그런 와중에, 그만… 또 하나의 일이 터지고 말았다. 덜컥 둘째를 임신한 것이다. 이런 표현이 둘째에게 참 미안하지만, 그때의 내 마음은 정말 그랬다. 아직 '교수'라는 자리를 온전히 감당하기도 벅찼고, 만 두 살이 된 첫째 하나를 키우는 것만으로도 충분하다고 생각했다.

외국인으로서, 워킹맘으로서, 그 자체만으로도 이미 벅찬 삶이었다. 그런데 전혀 예상치 못한 임신. 첫째 때보다 훨씬 심해진 입덧은 온몸을 짓누르는 스트레스와 겹쳐 하루하루를 버티는 것조차 고통이었다. 입덧. 중국어로는 '害喜'라 쓴다. '해할 해(害)'와 '기쁠 희(喜)'. 기쁘면서도 해를 끼친다는 뜻일까. 그 고통을 진지하게 받아들이는 이가 많지 않다는 사실이 오히려 더 외로웠다.

입덧은 오감을 자극했다. 음식 냄새, 커피 향, 매연, 머리 냄새, 심지어 학생들의 입 냄새까지. 모든 냄새가 토할 이유가 되었고, 강의실에 들어가기 전 화장실에서 한바탕 쏟아 내고, 강의가 끝나자마자 다시 화장실로 달려가야 했다. 머릿속엔 문득문득 개운한 한국 음식이 떠올랐지만 만들어 줄 사람도, 사다 줄 사람도 없었다. 설령 있다 한들, 그 음식이 입에 들어가기나 할지 알 수 없었다.

그렇게 6개월을 견디고 나서야 입덧이 잦아들었고, 이번엔 끝없는 허기가 몰려왔다. 어느 날 문득, 그동안 써 오던 밥그릇이 작게만 느껴졌다. 먹지 못했던 시간들을 보상이라도 하듯 식욕은 거침없었다.

그렇게 입덧과 폭식을 오가며 열 달을 채우고, 우여곡절 끝에 둘째를 무사히 출산했다. 그리고 불과 두 달 만에 학교로 복귀했다.

낮에는 시어머니가 아기를 돌봐 주셨고, 밤에는 내가 아기를 안고 잤다. 아기가 잠든 틈엔 강의 준비도 해야 했다. 강의 내용뿐 아니라, 그걸 중국어로 어떻게 설명할지 일일이 번역하듯 다시 정리해야 했다. 밤중엔 모유와 분유를 번갈아 먹이며 잠을 쫓아야 했다.

체력은 빠르게 바닥을 드러냈다. 연구실에서 한 층 아래 강의실로 내려가는 계단조차 다리에 힘이 풀려 난간을 잡고 겨우겨우 내려가야 했다. 집과 학교를 오가는 50분 넘는 고속도로 출퇴근길. 신호등 하나 없이 끝없이 이어진 그 길 위에서 나는 매일같이 졸음과 싸웠다. 사탕을 물고, 뺨을 때리고, CD에서 나오는 노래에 맞춰 소리를 지르듯 따라 부르기도 했다. 그럼에도 졸음은 종종 나를 덮쳤다. 차선을 넘어 클랙슨 소리에 놀라 깨어나는 일도 여러 번 있었다.

몸은 점점 망가졌고, 의지와 책임감만으로는 더 이상 버틸 수 없었다. 강의가 없는 날조차, 집에서는 낮잠 한 번 제대로 자기 어려웠다. 내 방은 3층, 시어머니 방은 2층이었지만 아기 울음소리가 들리면 본능처럼 벌떡 일어나 숨 돌릴 틈도 없이 아기 곁으로 달려갔다. 대가족의 공간 속에서 조금의 쉼조차 내 마음이 허락하지 않았다.

지금 돌이켜 보면, 그 시절 사고 없이 지나온 것이 그저 기적이다. 아니, 어쩌면… 보이지 않는 누군가가 내 곁을 지켜주고 있었는지도 모르겠다. 고속도로 위에서 그토록 수차례 졸음운전을 하고도 이렇게 멀쩡히 살아 있다는 것이, 스스로도 믿기지 않을 정도다.

둘째에게는 미안하지만, 아이가 네 살이 되기 전까지는 '내가 죽으려고 애를 둘이나 낳았나' 싶은 생각이 수없이 스쳐 지나갔다. 결혼이 늦어 마흔을 앞둔 나이에, 건강하지 못한 몸으로, 외국이라는 낯선 땅에서 언어의 장벽을 넘으며 두 아이를 키우고, 강단에 서고, 살아간다는 것. 그게 얼마나 벅차고 험난할지를 미리 알았다면, 나는… 아마 이번 생의 성장을 포기했을지도 모른다.

하지만 그 시절, 나는 모르기에 시도했고, 치러야 할 대가를 몰랐기에 감히 도전할 수 있었다. 그리고 지금, 그 시간을 이렇게 돌아볼 수 있다는 것. 그것이야말로 기적처럼 지나온 시간의 선물이다.

세 언어의 틈에서 살아 내기

대만에 와서 처음 인연을 맺은 사립대에서 3년간 일본어를 가르친 후, 같은 지역의 국립대로 자리를 옮기게 되었다.

일본에서의 11년 유학 생활, 그리고 대만 일문학과에서의 3년. 내 사고의 틀은 이미 오래전부터 일본어라는 언어 구조 아래에서 형성되어 있었다. 그만큼, 한국어를 가르친다는 것은 단순한 '전공의 전환'이 아니라, 사고 체계를 다시 짜야 하는 큰 도전이었다.

새로 옮긴 대학은 한국어 전공이 따로 있는 학과가 아니었다. 한국어, 일본어, 베트남어가 함께 있는 '동아시아어문학과'로, 당시는 1학년 때 일본어를 필수로 배우고, 2학년 때부터 세 언어 중 하나를 전공으로 선택하는 구조였다. 나는 일본어와 한국어 두 과목을 동시에 맡게 되었고, 교수진의 국적도 대만, 한국, 일본, 베트남으로 다양했다. 그렇기에 학과 회의는 중국어로 진행되었고, 내 일상은 세 언어 사이를 넘나들어야 했다.

강의실에선 한국어와 일본어, 회의와 행정은 중국어. 그 언어의 경계를 오가는 일은 결코 녹록지 않았다. 다국어 환경에서 자란 이들은 세 개의 언어쯤은 자유자재로 넘나든다지만, 나는 그런 사람이 아니었다. 언어에 특별한 재능이 있는 것도 아닌, 그저 평범한 사람이었기에, 내 뇌는 자주 과부하 상태에 빠지곤 했다.

한국어 수업 중에 일본어가 튀어나오고, 일본어 수업 중엔 한국어가 불쑥 섞였다. 심지어 지금 내가 어떤 언어로 말하고 있는지 순간적으로 인식조차 되지 않는 경우도 있었다. 특히 피로하거나 긴장 상태일 땐 그런 증상이 더욱 심해졌다. 그럴수록 말 한마디 한마디가 조심스러워졌고, 무의식적으로 튀어나올 일본어를 꾹 눌러 담으며, 한국어와 중국어 사이에서 균형을 잡으려 안간힘을 썼다.

내 머릿속은 끊임없이 언어를 선별해 내는 기계처럼 바쁘게 돌아갔다. 강의를 마치고 교실을 나서며 실수 없이 마쳤다는 안도감이 밀려올 때면, 비로소 '오늘 하루도 무사히 버텼다'는 안심이 찾아왔다.

그 시절엔 웃지 못할 해프닝도 참 많았다. 지금 떠올려도 얼굴이 화끈거리는 기억이 하나 있다. 외부 학교로 한국어 수업을 나가던 날이었다. 하필이면 그날은 태풍이 몰아쳤다. 폭우와 강풍 속에서 큰길이 봉쇄되었고, 익숙지 않은 길을 헤매다 보니, 결국 강의에 30분이나 늦고 말았다. 강의실에 들어섰을 땐 이미 얼굴이 흠뻑 젖고, 정신도 반쯤 나간 상태였다.

개강 첫날, 처음 마주한 학생들 앞에서 서둘러 자기소개를 시작했는데, 무려 10분 가까이 일본어로 이야기한 것이다. 한국어를 배우러 온 학생들에게, 한국어가 아닌 일본어로 첫인사를 해 버린 셈이었다. 당황한 표정의 학생들을 보며 이상함을 눈치챘고, 그제야 정신이 번쩍 들었다.

"죄송해요. 제가 지금 일본어로 말했네요…."

머쓱하게 사과하고, 다시 처음부터 한국어로 자기소개를 했다. 첫 만남부터 '정신 나간 사람'처럼 엉뚱한 실수를 해 버렸다. 하지만 그것이 내 현실이었다.

그즈음, 또 하나 아픈 경험이 있었다. 학교를 방문한 한국 학자들로부터 이런 말을 들었다.

"한국어 정말 잘하시네요!"

그 말은 빈말이 아니었다. 진심 어린 칭찬이었고, 감탄이 섞여 있었다. 그들은 나를 '한국어를 유창하게 구사하는 외국인'으로 여긴 것이다. 나는 분명 토종 한국인인데…. 내 입에서 나오는 한국어는 어딘가 어색했다. 그 부자연스러움은 말보다도 먼저, 내 몸의 세포가 감지했다.

지난 세월 일본어로 사고하고, 일본어로 살아오는 사이, 한국어는 점점 낯설어진 모국어가 되어 있었다. 한국어로 논문을 투고하면, '표현이 한국어답지 않다"는 심사평이 돌아왔다. 일본어식의 돌려 말하는 완곡한 표현들은 한국 학술지에선 먹혀 들지 않았던 것이다.

일본어 수업에서는 언어 혼선보다도 나의 어설픈 중국어가 더 큰 문제였다. 내가 한 말이 엉성하게 돌아와 내 귀에 메아리칠 때면, 민망함에 얼굴이 달아오르곤 했다. 한국어 수업에서는 이제 일본어와의 정면충돌이 시작되었다. 무의식 속에 새겨진 일본어 표현이 한국어 문장 속에 스며들었고, 그걸 인지하면서도 어떻게 걸어 내야 할지 몰랐다.

그래서 한동안 일본어 책과 논문에서 일부러 거리를 뒀다. 4년 가까이 일본어를 일부러 멀리하고, 한국어에 더 깊이 몰입했다. 그 결과, 한국어는 많이 회복되었지만, 그만큼 일본어는 눈에 띄게 퇴보했다. 유득유실(有得有失). 무언가를 얻으면, 무언가는 잃게 되는 법.

가장 아픈 건 무관심이었다

헬렌 켈러는 말했다. "과학은 거의 모든 치료약을 찾아냈지만, 가장 치명적인 병, 인간의 무관심에 대한 약은 아직 찾지 못했다."고. 그리고 그때의 나 또한 약을 찾지 못했다.

국립대에 들어간 지 석 달쯤 되었을 무렵, 어느 토요일 아침이었다. 평소처럼 남편과 두 아들, 넷이서 아침을 먹고 있는데 핸드폰이 울렸다. 시댁에서 온 전화겠거니 하며 받았는데, 뜻밖에도 학교에서 걸려온 전화였다.

"총장실 비서인데요, 이 교수님 맞으시죠?"

"네, 그렇습니다."

"죄송하지만 지금 급히 학교로 와 주실 수 있을까요?"

"지금요?"

"네. 일본 방문객이 학교에 와 있는데 의사소통이 안 돼서요. 교수님이 오셔서 통역 좀 해 주셔야겠어요."

"아무리 서들러도 1시간은 걸릴 텐데요."

"어쩔 수 없죠. 최대한 빨리 와 주세요. 기다리겠습니다."

비서의 목소리는 다급했고, 그 긴박함이 그대로 전해졌다. 통화 내용을 옆에서 듣고 있던 남편이 이내 얼굴을 붉히며 소리쳤다.

"네가 무슨 접대부야? 일본이나 한국에서 손님이 올 때마다 왜 당신이 나가야 하는데? 당신은 교수야. 손님 치다꺼리할 사람이 아니라고!"

사실, 그가 이런 식으로 화를 낸 건 처음이 아니었다. 내가 이 학교에 들어간 이후, 일본이나 한국에서 손님이 올 때마다 나는 불려 나갔고, 저녁 만찬 자리에 참여하는 날엔 늦은 시간에 귀가했다. 게다가 오늘은 주말이었다. 내가 집을 비우면 두 아이는 온전히 그의 몫이 되니, 그 불만이 머리끝까지 치솟은 것 같았다.

나는 아침을 먹다 말고, 허겁지겁 옷을 갈아입고 집을 나섰다. 막 입사한 외국인 조교수. 학교에서 부탁해 온 일을 감히 거절할 수 있는 입장이 아니었다.

그는 예고 없이 벌어지는 상황에 대응 능력이 약한 사람이었다. 출장이나 외부 일정은 한 달 전, 늦어도 2주 전에 미리 말해야 했고, 달력에도 표시해야 했다. 그리고 제시간에 정확히 귀가하길 바랐다. 하지만 나의 일상엔 예고 없는 손님, 갑작스러운 회의, 느닷없이 찾아오는 학생, 긴급한 요청이 수시로 들이닥쳤다. 그럴 때마다 나는 죄인이 되어야 했다.

운전대를 잡고 달리는 내내 아까 그의 말이 머릿속을 떠나지 않았다. "네가 접대부야?" 숨이 턱 막혀 왔다. 조금의 배려도 없이 내뱉은 그 말. 조금만 내 입장에서 생각해 보았다면, 그렇게 쉽게 토해 낼 수는 없었을 것이다. 나라고 주말 아침에 학교로 달려가고 싶었을까. 난들 중국어도 능숙하지 않아 버벅이며 통역하고 싶을까.

나는 오늘도 한마디도 반격하지 못했다. 말이 목 끝까지 차올라도, 숨이 턱 막히면 그 말은 결국 새어 나오지 못한 채 삼켜지고 만다. 그렇게 나는 늘 한발 늦게, 서러움을 삼키곤 했다.

학교 회의실에 도착했을 때, 일본과 대만의 로터리클럽 회원 10여 명, 그리고 총장을 비롯한 고위 인사들이 말없이 앉아 있었다. 그 공간엔 회색빛의 정적이 감돌고 있었다.

뒤늦게 전해 들은 이야기로는, 원래 통역을 맡기로 했던 대만 측 로터리 회원의 딸이 일본어에 능숙하지 않아, 통역이 사실상 불가능했다고 한다. 6개월 어학 연수 경험이 전부라 한다. 결국 이 상황은 비서의 준비 부족에서 비롯된 일이었다.

사전에 연락만 있었다면, PPT라도 미리 받아 보고 준비할 수 있었을 것이다. 하지만 나는 전혀 준비되지 않은 상태로 회의장에 불려 가 있었다. 부총장이 중국어로 학교를 소개하면,

나는 몇 문장을 정리해 일본어로 간신히 개요만 전달할 수 있었다. 그 자리가 얼마나 길고 무거웠는지 모른다.

입사 초기에 나는 우리 학과의 첫 전임 교수로 채용되었다. 학과가 신설되던 시점, 일본어와 한국어 모두 가능한 인재로서 채용되었을 것이다. 그러나 정작 나는, 중국어 실력 부족으로 중요한 자리에서 조율자의 역할을 제대로 해내지 못했다. 피로해서 힘들다기보다, '제대로 해내지 못했다'는 자책감이 더 괴로웠다. 그리고 무엇보다도, 그 마음을 나눌 사람이 곁에 없다는 사실이 가장 외로웠고 슬펐다.

입사 두 번째 학기쯤, 회의 자리에서 총장은 이렇게 말했다.

"앞으로 외국인 전임 교수는 중국어 잘하는 사람만 뽑도록 하세요."

그 말은 분명히, 나를 향한 것이었다. 눈물이 핑 돌았지만, 이를 악물고 회의 자리를 견뎠다. 그리고 그날 저녁, 집에서 밥을 먹다가 나도 모르게 눈물을 쏟았다. 그 모습을 본 남편은 툭 내뱉었다.

"그렇게 힘들면 그만둬."

나는 대단한 걸 바란 게 아니었다. '뭐든 말해. 내가 도와줄게.'까지는 바라지도 않았다. 그저, '수고했어.', '힘들었겠다.' 그 한마디면 충분했다. 그 따뜻한 한마디가, 내 고단한 하루를 버티게 할 힘이 되어 주었을 텐데.

새벽 4시, 내 하루가 시작된다

두 아들이 어렸을 적, 우리 집의 밤은 늘 9시에 닫혔다. 9시가 되면 불을 끄고, 아이들 곁에 나란히 누웠다. 파김치가 된 몸으로 '자는 척'을 하며, 아이들이 빨리 잠들기만을 바랐다. 어떤 날은 자는 척을 하다 아이보다 먼저 잠들어 버리기도 했지만, 대부분은 눈을 감은 채 머릿속에서 논문을 구상했다. 아이들이 꿈나라로 향하는 길은 멀고도 느렸다. 고른 숨소리가 들리기까지는 꼬박 한 시간이 걸리는 게 보통이었다.

그제야 조심스럽게 몸을 일으켜 방을 빠져나온다. 식어 버린 커피 한 잔을 책상 위에 올려 두고 밤 10시부터 고요한 적막 속에서 연구를 시작했다. 컴퓨터 키보드를 두드리는 소리만이 방 안을 채웠고, 그 시간은 새벽 1시까지, 때로는 그보다 더 오래 이어지곤 했다.

그렇게 몇 해를 버텼을까. 몸 여기저기가 고장 나기 시작했다. 면역력이 떨어졌는지 감기에 자주 걸렸고, 일본에서 앓았던 신경계 통증도 다시 도졌다. 2주에 한 번씩 접골원에 다녔고, 4년 연속 독감에 걸렸다. 그중 한 해는 실제로 죽을 고비를 넘기기도 했다. 그해의 독감은 사망자도 적지 않았던 해였다.

가을이 되면 예방접종을 꼭 맞아야지 하면서도, 감기 기운에 시기를 놓쳐 버리고는 그만 독감에 걸리곤 했다. 논문 한 편 투고를 마친 날이면, 긴장이 풀리면서 몸이 마치 기다렸다는 듯 파업을 선언했다. 고열이 나고, 팔을 들어 올릴 수조차 없던 날도 적지 않았다.

문득, '이러다 정말 죽겠구나' 하는 생각이 들었다. 물론, 누구나 언젠가는 죽는다. 하지만, 아직은 이르다. 내가 낳은 아이들, 내가 책임지고 키워야 할 존재들이 남아 있으니까. 어떻게든 이 고개를 넘어야 했다.

워킹맘이라면 누구나 그렇듯, 내 시간은 퇴근과 동시에 사라졌다. 퇴근길엔 유치원과 초등학교를 돌며 아이들을 데려오고, 씻기고, 저녁을 해 먹이고, 설거지를 하고, 숙제를 챙기며 몇 번이나 목소리를 높여야 했다.

사람들은 대학 교수를 편한 직업이라 여긴다. 매일 출근하지 않아도 되고, 방학에도 급여가 나오니까. 가끔 아파트 이웃 중 누군가는 평일 낮 시간에 집에 있는 나를 부러워하는 눈빛으로 바라보기도 한다. 하지만 교수라는 직업에서 '강의'는 가장 가벼운 일이다. 진짜 본업은 '연구'다. 그리고 그 연구는, 강의보다 훨씬 많은 시간과 집중력을 요구한다.

시간은 턱없이 부족했고, 체력은 바닥을 드러냈다. 이 몸으로는 더 이상 오래 버틸 수 없다는 것을, 날이 갈수록 더 선명히 느끼게 되었다. 어쩌면, 이미 한계치를 넘었는지도 모른다. 그래서 결심했다. 수면의 방식을 완전히 바꿔 보자고. 아이들과 함께 밤 10시에 잠들고, 새벽에 일어나 연구를 해 보는 것이다.

새벽 4시.

그 시간은 내 삶에 커다란 전환점을 가져다주었다. 그 누구의 방해도 받지 않는, 온전히 나만의 시간이었다. 6시간 푹 자고 일어난 맑은 정신, 고요한 새벽 공기 속에서 집중하는 연구는 밤늦은 시간보다 훨씬 더 깊고 효율적이었다. 연구를 마치고 아침을 준비하거나 출근 채비를 할 때 왠지 마음이 한결 가벼웠다. 이미 오늘 해야 할 가장 중요한 일을 해냈다는 충만함 때문이었다.

몇 해의 시행착오 끝에, 나는 마침내 나만의 리듬과 시간표를 찾게 되었다. 물론 이전에도 새벽 기상을 시도해 본 적은 있었다. 하지만 늘 오래가지 못했다. 그러나 이번엔 달랐다. 절실했기 때문이다.

"이 길밖에 없다."

겨울이 두려웠던 날들

대만의 남부 지역은 1년 중 3분의 2가 여름이다. 더울 땐 40도를 웃도는 날도 적지 않다. 그렇게 끝없이 이어지던 무더위도 12월이 되면 자취를 감추고, 겨울이 찾아온다. 가을은 한순간 스쳐 지나가는 계절. 가을인가 싶으면 어느새 겨울이다. 그래서 한국에 눈이 내릴 무렵, 이곳 사람들도 두꺼운 외투를 꺼내 입는다.

사실 기온으로만 따지면, 이곳의 겨울은 한국의 가을쯤 된다. 하지만 열대 지방이라 난방 시설이 없는 데다, 더운 날씨에 익숙해진 몸은 그 정도의 날씨에도 추위를 느낀다. 한때 내게는 이곳 겨울이 두렵고 길게 느껴졌던 시절이 있었다.

작은아들이 두 살 무렵부터 기관지 알레르기 증상이 나타났다. 평소엔 멀쩡하지만, 감기라도 걸리면 상황이 급변했다. 기침이 서너 번 이어지면 곧장 천식 증상으로 이어지고, 호흡 곤란에 빠지곤 했다. 특히 환절기부터 겨울까지는 감기를 달고 살았는데, 어린이집을 다니고 있었기에 감기를 피해 갈 수 없었다.

나는 병원을 전전했다. 동네 병원을 이곳저곳 다녔지만, 의사가 무슨 말을 하는지 절반밖에 이해하지 못했다. 되묻기도 어려웠다. 단골이 되자 한국인 엄마인 줄 알고 의사도 천천히 쉽게 설명해 주었지만, 증상은 좀처럼 나아지지 않았다. 약효가 있던 것도 잠시, 같은 약을 반복해 먹이다 보니 더는 효과가 없었다.

밤이 되면 증상은 더 심해졌다. 고르지 못한 아이의 숨소리를 들으며 밤을 지새운 날도 많았다. 3일 연속 밤마다 병원에 찾아가, 약이 듣지 않는다고 울먹이며 서툰 중국어로 호소한 적도 있다. 의사는 자신의 아이도 비슷한 증상이 있다며 몇 알의 약을 바꿔 주기도 했다.

잊히지 않는 기억이 하나 있다. 내 마음 깊숙이 남아 있는, 하마터면 돌이킬 수 없는 사고로 이어질 뻔한.

그날은 학교 행사로 인해 평소보다 한두 시간 늦게 귀가한 저녁이었다. 현관문을 열고 들어서자, 그는 여느 때처럼 맥주잔을 들고 있었다. 그런데 시선 한편에 작은아들이 거실의 타일 바닥에 엎드려 있는 모습이 들어왔다. 여름엔 시원하게 느껴졌던 그 타일 바닥이, 겨울엔 냉기 가득한 바닥일 텐데. 아이가 그 차가운 바닥에 몸을 웅크리고 있었다.

불길한 마음에 급히 다가갔다. 아이는 숨쉬기조차 버거운 듯, 조용히 엎드려 있었다. 얼굴은 창백했고, 입술은 푸르스름했다. 나를 보면 늘 팔짝팔짝 뛰어오르며 안기던 아이가 그날은 눈만 깜박이뎌 엎드린 채 나를 바라볼 뿐이었다. 산소가 부족하다는 걸, 한눈에 알 수 있었다.

하지만 그는 아무렇지도 않게, 마치 아무 일도 없는 듯, 자기만의 세계에 갇혀 맥주를 홀짝이고 있었다. 저녁 여섯 시만 되면 주위와 단절되고, 자신만의 시간으로 들어가던 그는 그날도 어김없었다.

그 모습을 보는 순간, 무언가 안에서 '뚝' 하고 끊어지는 소리가 났다. 나는 마치 다른 사람처럼, 멍한 정신으로 부엌으로 걸어 들어갔다. 그리고 무심결에 도마 위의 칼을 쥐려던 그 순간, 정신이 번쩍 들었다.

'내가 지금, 대체 뭘 하려는 거지?'

아이를 급히 안고 주차장으로 뛰어나갔다. 운전대를 잡고 눈물을 흘리며 병원으로 달렸다. 얼마나 울었을까. 병원에 도착하자 간호사는 내 표정을 보고 긴급 상황임을 알아차리고는 바로 진료실로 안내해 주었다.

그날 밤, 약을 먹여도 누우면 기침이 멈추지 않았다. 기침은 곧 천식 증상으로 이어지기에, 아이를 안은 채 벽에 등을 기대고 밤을 지냈다. 내 품에 안긴 아이는 잠들었고, 나는 그 아이에 기대어 눈을 붙이며 아침을 맞았다.

그렇게 몇 차례 겨울을 보내고서야 큰 병원에서 정밀 검사를 받을 수 있었다. 지혜로운 엄마를 만났더라면, 아니 외국인이 아니었더라면, 아이가 덜 고생했을지도 모른다는 생각이 들었다. 검사 결과, 아이는 음식이 아닌 '먼지'에 알레르기 반응을 보이는 것으로 확인되었다.

이곳은 대만에서도 공기 오염이 심한 지역이다. 상·공업 도시이면서 오토바이 인구도 많다. 외부 환경을 바꿀 수는 없기에, 공기청정기를 들여 아이 방의 공기 질을 조금이나마 개선했다. 그리고 병원에서 받은 간이 산소호흡기를 집에 비치한 덕분에, 긴급 상황에서도 조금은 마음을 놓을 수 있었다. 천식 증상은 아이가 중학생이 된 이후로 거의 사라졌다.

열심히 하라는, 잔인한 그 말

학과 회의가 있는 날이었다. 우리 학과는 신설된 지 얼마 되지 않아 아직 전임 교수가 충분하지 않았고, 타 학과 교수들 몇몇도 위원으로 회의에 참석하고 있었다. 그 위원 중 한 분은 다름 아닌 총장님이었다.

총장이 학과 위원으로 참여한다는 게 다소 낯설게 들릴 수도 있겠다. 하지만 이분은 우리 학과 설립의 중심 인물이자, 학교 내부의 반대를 무릅쓰고 끝내 설립을 관철시킨 장본인이었다. 그만큼 학과 운영에 깊은 관심과 책임감을 가지고 있었고, 한국인인 내가 제1호 전임 교수로 임용된 것 또한 그분에게 기대의 일부였다. 기대가 컸던 만큼, 실망도 그에 비례했을 것이다.

학과 회의는 대부분 점심시간에 열린다. 교수들의 강의 시간이 엇갈리다 보니, 점심시간을 활용하는 것이 가장 현실적인 선택이었다. 도시락을 먹으며 잡담도 오가던 그날, 총장님은 자신의 젊은 시절을 회상하며 이렇게 말했다.

"나는 젊었을 때 매일 밤 10시, 11시까지 연구실에 있다가 귀가했지요. 자네들은 아직 젊으니, 연구실에서 좀 더 늦게까지 연구하다 귀가해도 괜찮지 않겠어요? 젊을 때 열심히 해야지."

그 말을 듣는 순간, 내 안에서 조용한 소용돌이가 일었다. 겉으로는 미소를 유지하고 있었지만, 마음속에서는 수많은 말들이 한꺼번에 터져 나오고 있었다.

"총장님, 저는 총장님이 정말 부럽습니다. 밤늦게까지 연구실에 있을 수 있다는 게요. 저는 오후 5시면 유치원에 가서 아이를 데려와야 해요. 집에 데리고 오면 씻기고, 저녁을 만들고 먹이고, 설거지를 하고요. 아기가 더 어릴 적엔 젖을 먹이면서 연구를 생각했어요. 아이들이 노는 걸 보면서도, 재우면서도, 늘 논문 구상 중이에요. 주말이면 두 아들이 떠들썩하게 노는 거실 한편에서 귀마개를 끼고 논문을 읽습니다. 엄마들에겐 자유 시간이 많지 않지만, 나름의 최선을 다하고 있다고요."

물론, 이 모든 말들은 입 밖으로 나오지 않았다. 그날 총장님의 "열심히 하세요."라는 말은 내게 칼처럼 꽂혔.

'더 열심히 하라고요? 여기에서 더 열심히 하면 죽으라는 말이나 다름 없어요.'

그 순간, 일본 유학 시절의 지도교수님이 떠올랐다. 그분은 단 한 번도 "열심히 하라"는 말을 하신 적이 없었다. 늘 "무리하지 마세요.", "쉬면서 해요."라고 따뜻하게 격려해 주셨다.

시간이 흘러 나도 어느덧 선배 교수가 되었고, 학과장을 맡게 되었다. 그러자 어린 자녀를 둔 젊은 여교수들이 육아와 일 사이에서 지쳐 울먹이며 하소연하는 모습을 마주하게 되었다. 그들의 한마디를 들으면, 꺼내지 못한 말들까지도 눈에 그려졌다. 그래서 나는 그들에게 이렇게 말한다.

"쉬면서 하세요. 인생, 길어요. 2~3년쯤 연구 성과가 늦게 나와도 아무 문제 없어요. 엄마가 너무 지치면, 아이도 아프더라고요. 건강 챙기면서, 천천히 하세요. 그리고 이상적인 엄마가 되려고 애쓰지 않아도 괜찮아요."

그 말들은 결국, 예전의 나에게도 해 주고 싶었던 말들이었다. 내가 겪었던 고통의 일부라도 그들에게는 덜어 주고 싶은 마음. 그래서 주말에 학과나 학교 행사가 있을 땐, 어린 자녀가 있는 여교수들에게 굳이 참석하지 않아도 된다고 말하곤 했다. 주말에 엄마가 집을 빠져나오는 것이 얼마나 어려운 일인지, 나는 누구보다 잘 알고 있으니까.

육아와 일을 병행하는 삶은, 말처럼 쉬운 일이 아니다. 사람들은 대만의 여성 사회 진출이 한국보다 앞섰다고 말하지만, 워킹맘의 현실은 두 나라 모두 크게 다르지 않다. 아이 하나 키우는 것도 벅찬데, 둘이 되면 그 무게는 단순히 두 배가 아니라

'셋' 혹은 '둘 반'쯤 되는 체감으로 다가온다. 대만 남성들이 비교적 가사와 육아에 적극적이라고는 하지만, 어린 자녀를 둔 대만의 워킹맘들 역시 여전히 고단하다.

그리고 나는 그 고단함을 누구보다 잘 안다. 지금 이 순간에도, "열심히 하라"는 말이 누군가에게는 응원이 아니라 짐처럼, 혹은 상처처럼 들릴 수 있다는 것을.

곁에서 나를 지켜 준 조력자

"외국인으로서 여기까지 올라온 걸 보면, 남편분이 곁에서 많이 도와주셨나 봐요."

"아… 네."

대만 사람들로부터 이런 말을 들을 때면, 내 마음에 먼저 떠오르는 조력자는 따로 있다. 언제나 내 표정을 살피며, 도움이 필요하다고 느끼면 조용히 다가와 고사리손을 내밀던… 바로 큰아들이다.

어릴 적부터였다. 아이는 일찍이 눈치챘던 것 같다. 자신의 엄마가 다른 엄마들과는 조금 다르다는 걸. 누가 시킨 것도, 부탁한 것도 아닌데, 본능처럼…. 이 엄마를 돕지 않으면 안 되겠다고 느낀 걸까. 아니면 그저 아이의 타고난 성정이 그랬던 걸까.

사람들은 아이는 환경에 맞춰 자란다고들 말한다. 태어나 보니, 말이 서툰 외국인이 엄마였고, 그 현실에 맞춰 아이는 자연스레 성장해 갔다. 작은아들도 나를 많이 도와주었지만, 두 아이는 성격이 달랐다. 큰아들은 내 마음을 다치지 않게 조심스레 배려하며 말해 주었고, 작은아들은 걱정과 안쓰러움을 짜증과 화로 감췄다. 거친 말투, 행동 아래 슬며시 손을 내밀던 둘째, 그리고 늘 곁에서 조용히 나를 지켜 주던 첫째.

초등학생이던 큰아들은, 엘리베이터나 마트에서 내가 다른 엄마들과 나눈 어눌한 중국어 대화를 유심히 듣고는 집에 돌아오자마자 이렇게 말하곤 했다.

"엄마가 말한 거 다 알아들었는데, 이렇게 말하면 더 자연스러울 것 같아."

그러곤 또박또박 문장을 고쳐 설명해 주었다. 그럴 때마다 나는 웃으며 말했다.

"넌 내 중국어 선생님이야. 나중에 진짜 선생님이 되면, 학생들 참 행복하겠다."

이 말은 유치원 시절부터 내가 아이에게 자주 건네던 말이기도 했다.

"동요 잘 배워 와서 엄마한테도 가르쳐 줘."

"응, 엄마."

그렇게 아이는 나의 선생님이 되어 주었다.

아이와 함께 외출하거나 쇼핑할 때, 특히 전화 통화를 해야 할 일이 생기면 망설임 없이 내 옆에 서서 대신 말을 이어 주었다. 대만 남부는 중국어와 대만어를 섞어 쓰는 경우가 많아, 외국인인 내겐 전화 통화가 쉽지 않았다.

학과장이던 시절, 한번은 입시 면접을 앞두고, 지원자 60명의 이름을 정확히 읽는 연습이 필요했다. 180자의 한자를 성조까지 붙여 가며 읽는 그 작업을, 초등학교 5학년이던 큰아들이 묵묵히 도와주었다. 정갈한 손글씨로 성조를 표시해 가며 또박또박 읽어 내려가던 아이의 모습에 가슴이 뭉클했고, 눈시울이 뜨거워졌다.

큰아들은 내 마음을 잘 읽는 아이였다. 작은아들에게 내가 화를 내고 있을 때면 살며시 다가와 내 손을 잡고 말했다.

"엄마, 오늘 많이 피곤하지?"

어느 날은 아무 말도 없이 뒤에서 나를 조용히 안아 주기도 했다. 그 순간, 터지기 직전이던 내 화는 스르르 녹아내리듯 사라졌다.

남편이 한번은 이런 말을 한 적이 있다.

"큰아들 99%는 너를 닮았어. 그래서 내가 더 많이 아끼지."

그는 큰아들을 유난히 아꼈다. 첫째는 외모만 봐도 한국 사람이라 해도 믿을 만큼 닮았고, 성격은 내게서 한 단계 진화한 것 같다. 나는 감정을 잘 드러내지 못하는 내성적인 데 반해, 큰아들은 자신의 감정이나 생각을 또렷하게 말할 줄 아는 아이였다. 서로 닮은 덕분일까, 우리는 말이 없어도 마음이 통하곤 했다.

　초등학교 3학년이던 큰아들과 초등 입학을 앞둔 작은아들을 두고, 내가 처음으로 한국 가족에게 이혼 이야기를 꺼냈던 날이 있었다. 대만으로 돌아오던 날, 오빠가 조심스럽게 입을 열었다.
　"네 분신 같은 큰아들을 두고 떠날 수 있겠니? 아들 하나 더 입양했다고 생각하며 살면 안 되겠어?"
　그 전날 밤까지만 해도 "네 행복이 먼저야."라던 오빠가, 하룻밤 사이 생각을 바꿔 그렇게 말했다.
　그 시절, 몸도 마음도 지쳐 있던 나에게 큰아들은 진심으로 나를 붙들어 준 존재였다. 무너지지 않도록, 넘어지지 않도록 내 삶의 한가운데에서 조용히 나를 지탱해 준 버팀목. 이제는 대학생이 되어, 예전처럼 자주 곁에 머물진 않지만 가끔 마주할 때마다, 더 깊어진 눈빛과 의젓한 말투에서 여전히 따뜻한 울림이 전해진다.
　내가 행복하길 바라는 두 아들, 너희들이 있어, 엄마는 참 행복하다.

삶을 송두리째 뒤흔든 회오리바람

2015년 3월의 어느 날. 그날은 강의가 없는 날이라 집에서 연구를 하고 있었다. 고요한 정적을 깨며 전화벨이 울렸다.

"여보세요?"

"저… 알겠어요?"

"어떻게… 제가 대만에 있는 걸 어떻게 아셨어요?"

"우연히 인터넷에서 이름을 보고, 혹시나 싶어 학과 홈페이지를 찾아봤어요. 이름과 약력을 보니 같은 사람 같아서 학과로 전화했죠."

"전화번호는요?"

"학과 조교가 알려 줬어요."

"대만에 온 지 벌써 10년이나 됐는데, 어떻게 한 번도 연락할 생각을 안 했어요?"

"먹고사는 게 바빠서… 그런 여유조차 없었네요."

20년 만에 듣는 목소리였다. 그는 내가 교수로 일하고 있다는 게 믿기지 않는 듯, 일본 유학 시절부터 대만 생활에 이르기까지 이것저것을 물어 왔다.

"한국에 있는 줄 알았어요."

"그럴 거예요. 어쩌다 보니 대만 사람과 결혼해서 여기까지 오게 됐네요."

"박사 학위까지 받으셨다니, 정말 대단해요."

"하다 보니 그렇게 됐어요. 지금 생각하면 기적 같아요. 처음엔 저도 거기까지 갈 수 있으리라곤 상상도 못 했어요."

"고생 많으셨겠어요. 타국에서 혼자 힘으로 대학부터 박사까지…. 비용은 어떻게 다 충당했어요?"

"운 좋게 장학금도 받고, 아르바이트도 했어요."

"그래도 정말 힘들었겠어요."

"사실, 유학 생활은 할 만했어요. 좋아하는 연구에 몰두할 수 있었고, 성취감도 있었죠. 하지만 대만 생활은 달라요. 일, 육아, 외국인으로서 마주하는 장벽들…. 특히 언어는 아직도 쉽지 않아요."

"지금 학과장 맡으셨다면서요? 괜찮으세요?"

"중국어로 된 공문서 하나 읽는 것도, 회의를 진행하는 것도 쉽지 않아요. 학과장 된 지 두 달밖에 안 됐는데, 앞으로의 3년이 까마득하게 느껴져요."

끊겼던 인연이, 인터넷이라는 연결 고리를 통해 다시 이어졌다. 그와의 통화를 마친 뒤, 나는 지난 10년의 대만 생활 속으로 깊이 빨려들었다.

이상 증상은 그날 저녁부터 시작되었다. 식사를 하려다 음식 냄새에 메스꺼움이 치밀었다. 젓가락을 들었다가 그대로 내려놓았다. 마치 입덧이라도 하듯. 밤이 되자, 한숨도 잘 수 없었다. 누운 채, 머릿속엔 대만에서 보낸 날들이 마치 영화처럼 펼쳐졌다.

죽기 직전, 살아온 삶의 장면들이 파노라마처럼 스쳐 간다고 하던가. 내게 그 파노라마가 밤새 끊임없이 재생되었다. 어떤 장면은 스쳐 갔고, 어떤 장면은 유독 오래 머물렀다. 나는 그 기억들의 파편을 바라보며, 소리 없이 눈물을 흘렸다. 묻어두고 외면했던 기억들이 꿈틀거리며 다시 깨어나고 있었다.

그 슬픔은 하루로 끝나지 않았다. 다음 날도, 그다음 날도, 감정의 파도는 쉼 없이 밀려왔다. 운전 중에도 눈물이 흘렀고, 길가에 떨어진 낙엽을 보고도 울컥했다. 학과장실에서도 감정을 억누르느라 애를 써야 했다.

무엇을 봐도, 무엇을 들어도 슬펐다. 밤새 뒤척이다 잠이 들었다고 생각했는데, 깨어 보면 베개는 눈물로 흥건했다. 우울증! 드라마나 뉴스에서나 듣던 단어였다. 그게 내 일이 될 줄은 몰랐다. 학생들 중에도 우울증을 겪는 이들이 있어 위로한

적은 있었지만, 그게 내 일이 될 줄은 몰랐다.

며칠간 먹지도, 자지도 못하자 강의조차 버겁게 느껴졌다. 그런데도 이상하게, 강의실에만 가면 잠시 기운이 솟았다. 하지만 수업이 끝나고 나면, 다시 탈진 상태로 무너졌다. 연구실에 돌아와 쓰러지듯 몸을 눕히고, 겨우 챙겨 온 찐 고구마 하나를 두어 번 나눠 먹었다. 작은 고구마 하나조차 한 번에 다 먹지 못할 만큼, 몸은 빠르게 쇠약해져 가고 있었다.

잠을 제대로 자지 못하니, 사고력도 흐려졌다. 교수회의에 참석해도 10분 이상 집중하기가 버거웠다. 2주 만에 6킬로그램, 3주가 지나자 총 8킬로그램이 빠져 있었다.

"여기서, 내 인생이 끝나는 걸까…."

40대 중반에 불쑥 들이닥친, 삶을 송두리째 뒤흔든 회오리바람 같은 우울증이었다.

벼랑 끝에서 명상을 만나다

 감정의 파도가 몇 분 간격으로 몰아쳤다. 하루가 지나고, 일주일이 지나고, 한 달이 흘렀다. 온 세상이 회색빛으로 물든 듯했다.
 그 무렵, 대만 지인이 명상 음악을 보내왔다. 그중에는 중국어로 된 반야심경도 있었다. 불교 음악을 듣고 있으면, 금방이라도 나를 집어삼킬 듯한 감정들이 조금은 가라앉는 듯했다. 연구실에서 하루 종일 작은 볼륨으로 명상 음악을 틀었고, 집에서도 그 음악을 들으며 잠이 들었다. 내가 누우면 아들은 카세트를 가져다 머리맡에 놓아주었다.
 음악 덕분에 겉으로 감정이 치솟지는 않았지만, 수면 아래에서는 여전히 언제든 터질 듯한 감정들이 꿈틀거리고 있었다. 정신과 진료를 받아야 하나 망설였다. 하지만 병원 약을 꺼리는 성향 탓에 선뜻 내키지 않았다.

우울감이 시작된 지 두 달쯤 되었을 무렵, 문득 머릿속에 '명상'이라는 단어가 떠올랐다. 어쩌면 명상이 이 고통을 잠재워 줄 수 있지 않을까. 주변에 명상을 하는 사람은 없었지만, 매일 밤 들었던 법륜 스님의 즉문즉설 속에서 자주 접하던 단어였다. 막연히 퇴직 후 배워 보고 싶다고 생각했던 그 명상이, 지금 절실한 생의 갈망처럼 느껴졌다.

한국에 가서 정토회의 '깨달음의 장'에 참여하자고 마음먹었다. 여름방학이 시작되는 6월, 신청 첫날 만반의 준비를 하고 컴퓨터 앞에 앉았다. 9시 정각에 접속했지만, 이미 마감. 1시간 시차를 깜빡했던 것이다. 순간 속상한 마음이 벼락처럼 밀려왔고, 실수한 나 자신을 원망했다. 그 모습을 본 대만 지인이 말했다.

"인연이 닿지 않아 그런 거예요. 너무 속상해 말고, 대만에서 한번 배워 보는 건 어때요?"

중국어로 이해할 수 있을지 걱정이 앞섰지만, 선택의 여지가 없었다.

용기를 내어 찾은 곳은 대만 최대의 대승불교 단체, 법고산(法鼓山) 명상 센터였다. 입문반은 주 1회, 두 시간씩 4주간 진행되는 총 8시간의 과정이었다. 큰 모니터로 자세 설명이 이루어졌고, 도우미들이 곁에서 친절히 교정해 주었다. 긴장했던 마음과는 달리, 명상은 비교적 쉽게 다가왔다. 무엇보다 중요한 건 '집에서의 꾸준한 연습'이었다.

6월에 입문 과정을 수료한 뒤, 여름방학 내 외부와의 접촉을 최소화하고 명상에 몰입했다. 한국 가족이 보내 준 『금강경』 등 몇 권의 불서를 읽으며 하루를 명상과 불서로 채워 갔다. 그때까지도 해도 나는 불자가 아니었다. 명상에만 관심이 있었을 뿐이었다. 하지만 명상 속에서 감정이 가라앉고 내면의 변화가 일어나자, '왜 이렇게 짧은 시간에 변화가 가능할까?' 하는 궁금증이 생겼고, 자연스럽게 불교 교리에 대한 관심으로 이어졌다.

처음엔 10분조차 가부좌로 앉기 힘들었지만, 점차적으로 20분, 30분, 40분으로 늘어나면서 한 달 뒤에는 1시간도 무리 없이 집중할 수 있게 되었다. 학기가 시작된 후엔 새벽 4시에 일어나 1시간 명상을 실천했다. 이미 몸에 배어 있던 새벽 기상 덕에 자연스럽게 이어졌다.

1시간 명상이 가능해지자 감정이 흔들리지 않았고, 내 안의 회오리바람은 고요한 호수처럼 잦아들었다. 마치 지옥에서 천국으로 옮겨 온 듯한 변화였다. 세상이 아름답게 보였고, 두 아들이 한없이 사랑스러웠다. 삶은 평온했고, 풍요로웠다. 그토록 밉기만 했던 남편조차도 안쓰럽게 느껴졌다. 그 역시 힘든 시간을 보내고 있었던 것이다.

학기가 시작되자, 동료 교수들이 내 얼굴을 보며 말했다.

"요즘 즐거워 보이네요."

"얼굴에 생기가 돌아요."

무뚝뚝한 옆 학과의 60대 남자 교수도 회의 중 조용히 다가와 물었다.

"요즘 무슨 건강식품 드세요?"

"네? 특별히 먹는 거 없는데요."

"그럴 리가요. 눈빛이 달라졌어요. 지난 학기엔 늘 피곤해 보였는데."

강의도 더없이 즐거웠다. 학생 한 명, 한 명이 사랑스럽게 보였고, 그들과 함께하는 수업 시간이 기다려졌다. 그제야 비로소 알게 되었다. 그동안 나는 내 안을 얼마나 오래 외면하며 살아왔는지를.

대만에서 보낸 지난 10년은 긴장과 초조, 분노와 갈등의 연속이었다. 지치면 억누르고, 억누르다 다시 지치면 또 버티며 살았다. 깊은 호흡 하나 내쉴 여유 없이, 그저, 살아 내기 위해 안간힘을 썼다. 전임 교수라는 자리를 지키기 위해 스스로를 채찍질했고, 자신의 부족함에 상처받으며 끝없이 다그쳤다.

그건 결코 행복한 삶이 아니었다. 사회적 지위도, 타인의 인정도, 지친 마음을 진정으로 위로해 주지 못했다. 그리고 어느 날, 작은 계기를 통해 억눌러 왔던 감정들이 한꺼번에 터져 나온 것이다.

지금 돌아보면, 우울증은 갑작스레 찾아온 것이 아니었다. 분명 전조 증상이 있었다. 학교에서 집으로 향하는 길, 도착 10분 전쯤부터 가슴이 조이고 숨이 막혔다. 집에 도착해서도 이유 없는 막막함이 나를 짓눌렀다.

그런 내게 명상은, 감정의 파도에 휩쓸리지 않고 한 걸음 물러나 바라보는 법을 가르쳐 주었다. 처음으로 '느끼는 나'와 '바라보는 나'를 분리해 낸 순간이었다. 그것은 내가 살아오며 단 한 번도 경험해 보지 못했던 놀랍고 신비로운 깨달음이었다. 새벽 명상은 그 후로도 계속되었다.

나는 점점 더 깊은 명상의 세계로 들어갔다. 하루짜리 수련에서 시작해 1박 2일, 2박 3일, 4박 5일, 가장 길게는 7박 8일까지. 수련에 들어서면 가장 먼저 휴대폰을 반납한다. 외부와의 연락은 철저히 끊긴다. 묵언 수행은 기본. 말이 필요할 땐 조용히 메모지로 나눈다. 수련자들 간 대화는 철저히 금지된다. 심지어 둘이 한 방을 쓸 때조차, 침묵은 철저히 지켜져야 했다.

새벽 5시에 기상해서 밤 9시까지 명상. 식사도, 걷기도, 모두 명상 모드이다. 거의 하루 종일 틀어 앉는 반가부좌 자세는 이틀쯤 지나면 허리와 다리에 통증을 동반한다. 하지만 그 고통조차도 명상의 대상이다. 그저 그 감각을 있는 그대로 느끼고, 조용히 바라본다. 휘둘리지 않기 위한 연습. 그것이 바로 명상이 전해 준 가르침이었다.

• 일상이 멈춰 버리고 나서야

2019년 11월, 어느 토요일 아침이었다. 눈을 떴지만, 몸이 움직이지 않았다. 다시 한 번 힘을 주었지만, 그대로 벌러덩 드러누울 수밖에 없었다. 도대체 어디가 고장 난 걸까.

그날은 한국문화 행사에서 한국어 말하기 대회 심사위원으로 참석하기로 되어 있던 날이었다. 일어나야 했다. 벽을 짚고 간신히 몸을 일으켜 부엌 쪽으로 향하려는 순간, 전신을 휘감는 극심한 통증이 덮쳐 왔다.

도저히 견딜 수 없어, 부엌 옆방 침대로 몸을 던졌다. 무엇이 잘못된 건지 알 수 없었고, 통증은 몸 전체를 마비시키듯 몰려왔다. 제대로 걸을 수도, 설 수도 없었다. 남편에게 병원에 데려다 달라고 말했다. 하지만 통증에 빠진 나도, 놀라서 경황이 없던 남편도 구급차를 부를 생각조차 하지 못했다. 나는 그만 구부린 채로 차에 올라타면서 오열이 터졌다.

　병원에 도착해 한 걸음씩 내딛는 동안, 얼마나 울었는지 남편 어깨는 눈물로 흠뻑 젖어 있었다. 진통 주사를 맞고 나서야 겨우 걸을 수 있었다. 그제야 팔을 내릴 때의 통증이 유독 심하다는 걸 알게 되었다. X레이와 기본 검사를 했지만, 정확한 원인은 알 수 없었다.

　처방받은 약을 먹은 지 사흘째 되던 날, 위가 뒤틀리고 구역질이 났다. 약봉지만 봐도 메스꺼움이 밀려와 더는 복용할 수 없었다. 약을 끊자, 통증은 다시 살아났다.

　발병 후 닷새쯤 되었을 때, 나는 비로소 얼굴조차 씻지 못한 채 5일을 보냈다는 걸 알았다. 늦은 밤 귀가한 중3 큰아들이 조심스레 물었다.

"엄마, 좀 괜찮아요?"

"응⋯."

"편히 쉬세요."

라며 돌아서려는 아들에게 나는 힘없이 말했다.

"엄마, 5일째 얼굴 못 씻었어."

　아들은 물에 적신 수건을 가져와 조심스레 내 얼굴을 닦아주었다.

"아⋯ 너무 아파. 살살 해 줘."

　그저 스치는 듯한 닿음조차 몸을 관통하는 통증이었다.

팔을 내릴 수 없었기에 결국 강의를 3주간 쉬어야 했다. 병가를 내고 침대에 누워 지내다 보니 자연스레 삶을 돌아보게 되었다.

'지금 나는 무엇을 하고 있는 걸까? 무엇을 위해, 누구를 위해 이렇게까지 질주하고 있는 걸까?'

무심하게 내 몸을 써 온 날들이 떠올랐다. 운동할 시간조차 아깝다며 앉아 있던 내 지난날이 한없이 어리석게 느껴졌다. 발병은 일본 학술대회 출장을 다녀온 지 불과 2주 후였다.

3주 만에 강의에 복귀했지만, 쿠션을 팔꿈치 아래 받쳐야 겨우 통증을 견딜 수 있었다. 동네 병원도, 이 지역 최대 규모의 종합병원도 원인을 찾지 못했다. 그러다 지인의 소개로 찾은 한 병원에서 '목디스크'라는 진단을 받았다. 의사는 어깨, 등 통증 부위에 20곳 넘게 주사를 놓았고, 고통은 다소 가라앉았다. 하지만 완치는 아니었다.

의사는 단호히 말했다.

"생활 패턴을 180도 바꾸지 않으면 안 됩니다."

책상 앞에 장시간 앉는 것, 고개를 숙이고 컴퓨터를 오래 보는 생활. 심지어 수년간 해 오던 명상조차 앉아서 할 수 없게 되었다. 나는 이제, 너무도 당연하다고 여겼던 일상으로 다시는 돌아갈 수 없게 된 것이었다.

사실 이 모든 건 예고 없이 벌어진 일은 아니었다. 3~4개월에 한 번꼴로 어깨와 팔에 극심한 통증이 반복되었고, 나는 2주에 한 번씩 마사지나 접골원 치료로 그저 '버텨' 왔다. 회복되면 또 무리했고, 그러면 다시 아팠다. 내 몸은 분명히 수차례 경고를 보내왔지만, 나는 그 신호들을 외면한 채 일만, 책임만, 강의만, 의무만 바라보며 살아왔다.

그렇게 과로, 수면 부족, 컴퓨터 앞에서 보낸 수많은 시간. 결국, 내 몸을 돌보지 않은 대가였다.

• 고통의 크기만큼 성장하다

　아무런 청사진도 없이, 일본 유학을 마친 직후 남편을 따라 무작정 대만으로 건너왔다. 미래에 대한 준비는커녕, 말 그대로 맨땅에 헤딩하듯 시작된 타국 생활이었다. 결혼만으로도 인생의 큰 전환점인데, 낯선 땅에서 워킹맘으로 살아간다는 건 그보다 훨씬 더 가파르고 낯선 여정이었다.

　지도 없는 인생길이라지만, 이방인의 여정은 유난히 안개가 짙었다. 무엇보다 건강이라는 기본기조차 갖추지 못한 채 일과 육아, 언어 장벽까지 감당해야 했다. 매일이 낯설었고, 긴장의 연속이었다. 마음 기댈 곳 없는 이방인의 삶은 외롭고, 불안했고, 때로는 벽처럼 막막했다. 몸도 마음도 한계까지 몰렸다. 회복은커녕 무너져 버릴지도 모른다는 불안 속에 그저 버티고 또 버텼다.

하지만, 인간의 생명력은 그렇게 쉽게 꺾이지 않았다. 깊이 주저앉았기에, 다시 일어서려는 힘도 더 강렬했던 것일까.

어느 날, 나는 3일 연속 같은 꿈을 꾸었다. 고층 빌딩 위에서 몸을 던지는 꿈. 마지막 날엔 자신의 강한 힘으로 내 몸을 사정없이 내던져졌다.

깜짝 놀라 눈을 떠 한참을 멍하니 앉아 있었다. 꿈 해몽을 검색해 보니, '자살'은 큰 변화를 의미한다고 했다. 반복되는 꿈은 무의식이 보내는 강력한 메시지라고도 했다.

나는 정말 변하고 싶었다. 작은 변화가 아닌, 삶 전체를 송두리째 바꾸는 큰 변화를 말이다.

보도 새퍼는 말했다. "가벼운 아령으로는 근육을 키울 수 없다."고. 나 역시, 감당할 수 없을 만큼의 고통 속에서야 비로소 진짜 변화를 하기 위해 무거운 아령을 들어 올렸다.

삶 전체를 휩쓴 회오리 같은 우울증 덕분에, 짧은 2~3개월 동안 명상에 몰입하며 마음의 고요를 배웠다. 목디스크로 일상이 멈춰 섰기에, 수십 년 이어 온 식습관을 송두리째 바꿀 수 있었다. 만약 삶을 뒤흔드는 역경이 찾아오지 않았다면, 변화해야 한다는 절박함조차 없었을 것이다.

지금 돌아보면, 그 모든 고통은 나를 위한 '성장 수업'이었다. 우주가 내게 건넨 선물이었다. 나는 지금의 나에게 감사하고 싶다. 포기하지 않고 여기까지 묵묵히 버텨 온 나 자신에게.

언제부턴가 내 안에는 '인내심'이라는 단단한 기둥이 자리 잡고 있었다. 유학 시절에도 그 인내는 있었지만, 대만에서의 시간은 그것을 더욱 깊고 단단하게 만들어 주었다.

힘겨웠던 육아의 시간도 지나고, 이제는 아들들이 성장해 외국인 엄마인 나를 보호해 주는 존재가 되었다. 일터에서도 젊고 유능한 후배 교수들이 들어오며 예전 내 어깨 위에 있던 짐들을 함께 나눠 들고 갔다. 나의 오늘은 포기하지 않고 치열하게 살아온 날들의 선물이다.

감사하고 싶은 대상은 나 자신만이 아니다. 무엇보다, '한국어 교육'이라는 길을 열어 주고 내게 일할 기회를 준 이 땅, 대만에 깊은 고마움을 전하고 싶다. 이곳 대만에서 나는 수없이 넘어졌고, 또 그만큼 수없이 일어났다. 그때마다 손을 내밀어 준 것도, 다름 아닌 대만 사람들이었다. 외국인을 향한 따뜻한 시선과 관용, 그 너그러움은 타국살이에 지친 내게 진정한 위로이자, 버틸 수 있는 힘이 되어 주었다.

3부

혼자서 다시, 나로

나는 지금, 예순을 앞두고 또 한 번 '시작'의 문턱에 서 있다. 처음으로 걷는 미지의 길은 여전히 낯설고 막막할지도 모른다. 때로는 길 위에서 헤매고, 예상치 못한 갈림길에 서기도 하겠지. 그러나 이제는 불안하지 않다. 내가 나아갈 길의 방향은 내 손으로 만들어 가면 되니까.

• 조용히 무너져 가는 일상들

 집 안의 공기는 무거움을 넘어 숨이 막힐 정도로 아팠다. 큰아들은 고3, 작은아들은 중3. 한 지붕 아래 두 명의 수험생이 있다는 사실만으로도, 집 안은 늘 긴장감으로 팽팽했다.
 그 시절 나는 절절히 깨달았다. 누군가를 지지하고 응원하려면, 그 무엇보다 내 안에 '에너지'가 있어야 한다는 것을. 하지만 나는 텅 빈 배터리처럼, 기운도, 웃음도, 희망도 바닥나 있었다. 거울 앞에서 억지로 입꼬리를 올려 보았지만, 그 웃음은 어색하게 얼어붙은 채 끝내 피어나지 않았다. 감정을 들키지 않으려 말수를 줄였고, 터지기 직전의 마음을 꾹 눌러 가며 하루하루를 견뎠다.
 그해, 한 번도 겪은 적 없던 교통사고가 세 번이나 일어났다. 한 번은 나의 부주의였고, 두 번은 상대방의 실수였지만,

지금 돌아보면, 정신이 맑았다면 피할 수 있었을지도 모른다.

마지막 사고는 큰아이의 대학 입시 하루 전날, 아들을 데리고 시험장을 미리 가 보는 길에서 발생했다. 긴장한 아이의 손을 꼭 잡고, 나는 애써 웃어 보였다.

"시험 날이 아니라서 다행이야. 이건 액땜이야."

그때까지만 해도 몰랐다. 그 사고가 앞으로 다가올 불행의 전조였다는 것을.

입시 결과는 참담했다. 큰아이는 단 0.5점 차이로 원하던 대학에 원서를 내지 못했고, 마지막 남은 기회에서도 동점자와의 경쟁에서 밀려 준비 과정에서 '최악의 경우'의 선택지라고 여겼던 학교에 진학하게 됐다.

작은아이는 더 가혹한 상황을 맞았다. 어렵기로 소문난 과학반 1차 필기 시험에는 합격했지만, 2차 시험을 하루 앞두고 코로나에 걸려 고열로 쓰러졌다. 결국 면접과 실험이 포함된 2차 시험 자격마저 박탈당했다.

"태어나서 처음으로 열심히 공부했는데, 이게 뭐야…."

절망에 찬 울부짖음 앞에서, 나는 아무 말도 할 수 없었다. "죽고 싶다"는 아이의 말을 그저 흘려들을 수는 없었다. 혹시라도 11층 창문 밖으로 몸을 던질까 두려워 형은 동생 옆을 떠나지 않고 지켜보았다.

한 아이는 소리 내어 절망을 토해 내고, 한 아이는 방문을 조용히 잠근 채 하염없이, 소리 없이 눈물을 쏟았다. 그 모습을 바라보며, 나는 차라리 내가 사라져 버리고 싶었다. 모든 불행이, 내 안의 부정적인 에너지에서 비롯된 듯해 죄책감이 가슴 깊숙이 박혀 숨통을 조여 왔다.

며칠 뒤, 큰아이와 함께 외출하던 길. 조용했던 차 안에서 아들이 조심스럽게 입을 열었다.

"엄마, 올해 우리 집 뭔가 이상하지 않아? 왜 이렇게 불행이 계속되는 거야? 엄마, 왜 그렇게 참으면서 살아? 행복 찾아가. 나는 엄마가 행복했으면 좋겠어."

그 순간, 나는 아무 말도 할 수 없었다. 사실, 나는 늘 다짐하고 있었다.

'큰아이가 대학에 들어갈 때까지만 참자.'

그렇게 나를 유예시키며 버텨 왔다.

두 아들에게 우리 부부의 관계가 드러난 건, 이제 2년 전의 일이다. 코로나로 인해 온라인 수업이 이어지고, 가족 모두가 집에 머무는 시간이 길어지자, 중1이었던 작은아이는 우리 부부 사이의 어색한 공기를 감지하기 시작했다.

"왜 엄마, 아빠는 서로 말을 안 해?"

질문은 집요했고, 눈빛은 예리했다. 처음엔 얼버무리며 피하려 했으나 둘째는 그런 나를 그냥 넘어가지 않았다. 결국,

이제는 말해야 할 때가 왔다고 느꼈다. 나는 조심스레 아이들에게 진실을 털어놓았다.

우리 사이의 단절을 알게 된 두 아이의 반응은 서로 달랐다. 큰아이는 눈시울을 붉히며 말했다.

"엄마, 미안해. 외국인 엄마를 더 배려했어야 했는데…."

작은아이는 으히려 분노에 가까운 감정을 드러냈다.

"엄마 바보야? 우리 반 애들 중에도 엄마만큼 아니어도 다들 일찍 이혼했어!"

그리고 두 아이는 입을 모아 말했다.

"이제 우리 다 컸으니까, 헤어져도 돼. 우리 괜찮아."

"그럼 넌 누구랑 살래?"

내 물음에 큰아이는 이렇게 답했다.

"동생은 엄마 따라가겠지. 난 아빠랑 있을게. 엄마든 아빠든, 누구 하나 외롭게 둘 순 없잖아."

그 말 한마디가, 나를 그 집에 더 오래 머물게 했다.

'조금만 더 참자. 드 해만 더 지나면 큰아이는 대학 기숙사로 들어가니까….'

나는 또다시 나를 유예시켰다. 하지만 그 시간이 가까워질수록 내 안의 끈은 느슨해졌고, '조금만 더'라는 다짐도, 이미 방전된 몸과 마음 앞에 선 아무런 힘을 갖지 못했다. 무너진 내 에너지가 고스란히 두 아이에게 전달되었다는 사실에 미안함만이 가슴에 가득했다.

나는 이제야 깨닫는다. 내가 먼저 행복해야 내 곁의 사람들도 행복해질 수 있다는 단순하고도 깊은 진리를.

나답게 살기 위한 첫걸음

드디어 기다리던 때가 왔다. 큰아들은 대학에, 작은아들은 고등학교에 진학한다. 오래전부터 마음속에 조용히 예약해 두었던 '홀로서기'의 시간이 마침내 문 앞에 도착했다.

그런데도 선뜻 발을 내딛지 못하고 있다. 그토록 갈망했던 변화 앞에서 현실에 안주하려는 본능과 맞서며 내 안에서 충돌이 시작되었다. 두 아들 모두 내 결정을 이해하고 지지해 주는데도 나는 무엇이 두려운 걸까.

외국인이라는 불안감?

경제적인 걱정?

불완전한 언어 실력?

큰아들이 돌도 되기 전에 내 마음에 처음 떠올랐던 두 글자, '이혼'. 그 단어는 17년 동안 내 곁을 맴돌았다. 어느 순간부터 그것은 더 이상 감정이 아니었다. 분노도 슬픔도 무뎌진 채, '이혼'은 습관처럼 내 사고의 굴레를 돌고 돌았다.

나는 스스로에게 묻는다. 누구를 위해 이 삶을 계속 이어 가고 있는가. "아이들을 위해서"라는 말은, 이제 훌쩍 커 버린 두 아들 앞에서 더 이상 유효하지 않은, 공허한 변명처럼 들린다. 한 지붕 아래에서 남남처럼 살아가는 일은 서로의 정신과 육체를 조금씩 갉아먹는 일이었다.

그래서, 2023년 9월. 나는 별거를 선언했다. 상처를 줄이고, 충격을 완화하기 위해 '이혼' 대신 '별거'라는 카드를 꺼내 들었다. 서로가 천천히, 각자의 삶에 익숙해지기를 바라며.

남은 생은 다르게 살고 싶다. 헤질 대로 헤진 내 마음을 이제는 내가 정성껏 돌보고 싶다. 내 삶의 주인이 되어, 하고 싶은 것을 하며 살고 싶다. 그렇지 않으면 언젠가 마지막 순간에 "왜 나는 내 인생의 조연으로만 살았을까" 하며 후회할 게 뻔하다.

2023년 10월 1일 마침내 나는 15년을 살아온 집을 떠나, 작은아들과 함께 새로운 삶을 시작했다. 50대에 선택한 이 길. 내 인생의 항로를 크게 한 번 틀었다. 그리고 이제, 오랫동안 갈망해 온 '나답게 사는 삶'을 향해 첫발을 내디딘다.

"행복해서 웃는 것이 아니라, 웃으니까 행복하다."

그 말의 의미를 되새기며, 나는 웃으며 살기로 다짐해 본다.

우리는 불행하기 위해 이 세상에 태어난 것이 아니지 않은가.

    늦은 건 없다. 늦었다고 느낀 바로 그 오늘, 이 순간이야말로 내 인생에서 가장 빠른 출발점임을 나는 다시 온몸으로 실감하려 한다.

• 새로운 시작을 위한 결별

짐을 챙겨 보니 많지 않았다. 나와 작은아들의 옷, 책, 내가 덮던 이불. 그것이 거의 전부였다. 작은아들은 주말마다 이 집에 오기로 그와 약속했기에, 아이의 이불은 그대로 두었다. 아들 책상은 함께 옮기고 싶었지만, 새로 가는 집엔 놓을 공간이 마땅치 않아 포기했다.

지난달에 산 전기밥솥, 바꾼 지 얼마 안 된 압력솥에 문득 눈길이 머물렀지만 이내 고개를 돌렸다. "내게 자유만 달라. 아무 것도 원하지 않는다."라는 초심을 떠올리며 작은 욕심들을 내려놓는다. 그게 몇 푼이나 된다고.

벽에 걸린 퍼즐 액자 두 개가 시야로 들어온다. 3년 전 맞춘 천 조각 퍼즐이다. 하나는 내가 그림에 반해 고른 것이고, 다른 하나는 조카가 자신의 성격을 고쳐 보겠다며 샀다가 "이걸 맞추다 성격만 더 나빠지겠어요."라며 내게 넘긴 백록담 그림이었다.

두 아들과 함께 맞춘 퍼즐들은 그대로 두고, 이 두 개만 벽에서 조심스레 떼어 이삿짐에 담았다. 한 조각 한 조각 손으로 맞추던 시간의 결이 퍼즐 속에 고스란히 스며 있었다.

챙겨 온 두 개의 퍼즐

오늘의 시간이 다가옴을 감지한 나는 수개월 전부터 정리를 시작했다. 시작을 위한 결별이었다. 가장 먼저 손댄 건 옷장이다. 입지도 않으면서 벌이라도 받는 듯 옷걸이에 주렁주렁 매달려 있는 옷들이 적지 않았다. 과감히 버리면 좋으련만, 손에 들었다 다시 걸어 두기를 반복.

물건을 비운다는 건, 마음을 비우는 일만큼이나 쉽지 않았다. 시간을 두고 한 벌 한 벌 덜어 내다 보니, 결국 옷은 절반 가까이 줄었다. 버려야 할 것은 옷만이 아니었다. 책장에는 먼지를 뒤집어쓴 책들이 빼곡히 꽂혀 있었다. 한때는 삶의 동반자요, 인생의 책이라 여겼던 것이지만 이제는 아무런 감흥도 없이, 그저 자리만 차지하는 물건이 되어 있다.

기억조차 나지 않는 오래된 책들, 언젠가 읽으리라 사 두고 방치된 책들, 유학 시절 빽빽이 메모해 둔 노트들까지 나는 조용히 쓰레기봉투에 담았다. 정말 필요한 책만 골라, 며칠에 걸쳐 학교 연구실로 나눠 옮겼다.

남은 건 부엌이었다. 냉장고 속을 하나하나 뒤지며 유통기한이 훌쩍 지난 식재료들을 꺼냈다. 냉동실 구석에는 정체불명의 비닐봉지가 얼어붙어 있었다. 마치 아주 먼 곳으로 떠나는 사람처럼, 내가 머물렀던 흔적들을 지우듯 정리하고 또 정리했다.

이삿짐은 내 차로 두 번이면 충분했다. 이사 당일 아침. 평소처럼 작은아들을 7시까지 학교에 데려다주었다. 차 안에는 전날 밤 미리 실어 둔 짐으로 가득했고, 아이가 앉을 자리를 간신히 남겨 둔 상태였다. 아들은 차에 올라타고는 차 안에 가득 실려 있는 짐들을 보고, 잠시 흠칫 놀란 표정을 지었지만, 곧 아무렇지 않은 듯 창밖을 바라보았다.

아들을 학교에 내려 주고 곧장 새집으로 향했다. 짐을 내리고, 다시 돌아와 남은 짐을 마지막으로 옮겼다. 마음속 살짝

기대를 해 보았지만, 영화 속에서처럼,

"그동안 고가웠어. 행복하게 살아."

그런 아름다운 이별은 우리에겐 없었다.

그는 끝내 자기 방에서 나오지 않았고, 나 역시 아무런 말도 없이 담담하게, 조용히 15년을 함께한 집을 뒤로하고 문을 닫고 나왔다.

11평, 나의 첫 보금자리

살 집은 작은아들이 다니는 학원 근처로 정했다. 혹시 초라해 보일까 봐, 아니면 내 자존심을 조금이라도 지키고 싶어서였을까. 몇 푼 아끼자고 낡은 아파트에 들어가고 싶지는 않았다. 그래서 신축된 지 1년 된, 방 두 개짜리 아파트를 월세로 계약했다. 계약서에는 24평으로 표기되어 있었지만, 실내 면적은 11평 남짓. 방 두 개, 거실, 부엌, 그리고 작은 베란다가 딸려 있었다.

더블 침대가 놓인 방은 작은아들에게 내주고, 나는 싱글 침대가 놓인 작은 방을 쓰기로 했다. 내 방은 마치 명상센터의 숙소처럼 단출했다. 작은 옷장 하나, 싱글 침대, 그리고 겨우 걸어 다닐 수 있는 좁은 공간이 전부였다. 줄이고 줄인 옷을 옷장에 집어 넣으니 그곳 옷장이 금새 가득 차 버렸다.

작은아들은 집이 너무 좁다며 투덜댔다. 예전 집의 4분의 1 크기이기에 그럴 만도 했다. 책상이나 침대 모서리에 부딪혀 생긴 상처에 약을 발라 주고, 가구 모서리마다 서둘러 보호대를 붙였다.

그럼에도 나는 이 집이 전혀 불편하지 않았다. 오히려 넓게 느껴졌다. 11평 전체가 온전히 나의 공간이라는 생각에 마음이 환해졌다. 거실 소파에 앉아 있으면 괜히 흐뭇해져 절로 웃음이 지어졌다. 좁은 집에는 의외로 장점이 많았다.

무엇보다 청소가 순식간에 끝난다. 나는 매일 아침 청소기를 돌렸다. 이 작고 사랑스러운 공간을 깨끗하게 유지하고 싶었다. 출근 전, 문을 닫기 직전 뒤를 돌아 집 안을 보며 나도 모르게 혼자 씨익 웃곤 했다.

이사 후 일주일 동안은 퇴근 후 매일 생활용품을 사러 돌아다녔다. 피곤하기는커녕, 오히려 즐거웠다. 그릇, 젓가락, 국자, 냄비, 전기포트, 작은 가전제품들까지… 하나둘 물건을 채워 가는 동안, 스무 살 무렵 자취를 시작하던 시절이 자꾸 떠올랐다. 학교 기숙사에 사는 큰아들이 가끔 오기에, 식기류는 세 개씩 준비했다. 이 작은 공간은 점점 나만의 자취방처럼 완성되어 갔다.

그리고 일주일째 되던 날, 처음으로 밥을 지어 작은아들과 함께 먹었다. 정말 꿀맛이었다. 아들도 "맛있다"며 싹싹 비워 주었다.

이 아파트에는 숨겨진 보석 같은 곳이 있었다. 옥상이다. 16층의 옥상에 올라갔다가, 한눈에 반해 버린 곳. 집을 보러 왔을 때는 소개받지 못했다. 옥상에 서면 가오슝 시내가 한눈에 펼쳐지고, 멀리 있는 높은 산까지도 시야에 들어온다. 특히 새벽 일출과 저녁노을은 가슴을 벅차게 했다.

테이블 몇 개가 놓여 있어, 강의가 없는 날이면 그곳에 앉아 책을 읽거나 명상을 하곤 한다. 늦은 밤, 조용히 산책하기에도 안성맞춤이다. 이 좋은 공간을 거의 나 혼자만 쓰고 있다는 사실이 마치 이곳이 나만의 전용 테라스처럼 느껴지게 했다. 그래서 나는 생각했다. 내가 사는 집은 11평이 아니라, 30평쯤은 되는 거라고.

이곳에서 나는 종종, 세상의 모든 소음이 사라진 듯한 완전한 고요에 잠기곤 했다. 오직 내 심장 박동만이 들리는 순간. 그 안에서 나는 평온을 느끼고, 치유되고, 그리고 살아 있음을 다시 확인한다.

아파트 바로 뒷골목에, 역사 깊은 재래시장이 숨어 있었다. 가오슝 시민이라면 누구나 알 만한 이곳을, 이사 온 지 일주일이나 지나서야 발견했다. 아침이면 전통 시장이 열려 신선한 식재료를 살 수 있었고, 해가 지면 작은 규모의 야시장이 조용히 문을 열었다. 생각지도 못한 이 편리함이, 일상에 작은 설렘을 더했다.

작은아들은 밤늦게까지 공부하다가 배가 고프면 언제든 뭘

종종 나만의 전용 테라스가 되는 옥상

가 사 올 수 있다며 신기해했다. 야식을 사 와서는 세상을 다 가진 것처럼 행복한 얼굴로 어묵을 먹으며 말했다.

"엄마, 여기 오래 살다간 살찔지도 몰라."

그 표정을 보고 있자니 괜히 나도 웃음이 났다. 그래, 살다 보면 이런 시간이 한 번쯤은 있어도 좋지.

• 상상 속에 먼저 살던 집

　가끔 마음 한구석에서 묘한 감정이 스며든다. 그이와 함께 했던 대만에서의 17년 세월이 이젠 까마득한 옛이야기처럼 느껴진다. 한편, 지금 이 새로운 삶이 너무도 익숙하다. 이제 막 시작한 일상인데도, 전혀 낯설지 않다. 오히려 오래전부터 나와 함께했던 삶처럼, 조용히 내 곁에 있었다는 느낌마저 든다. 달력을 넘겨보니, 내가 진짜로 홀로서기를 시작한 지는 겨우 한 달. 그런데도 왜 이렇게 편안할까, 곰곰이 생각해 보았다.

　나는 이미 오래전부터 이 삶을 상상 속에서 살아 내고 있었던 것이다. 그 집에 살던 시절, 나는 자주 머릿속으로 '나 혼자만의 집'을 그렸다. 그 상상의 공간은 나만의 안식처였고, 도피처였으며, 희망이었다. 그곳의 나는 생기 있고, 자유로웠으며, 혼자임에도 외롭지 않았다. 현실이 무겁게 내려앉을 때면, 나는 그곳으로 잠시 도망쳐 숨을 돌리곤 했다. 그렇게 마음속에서 짧은 평화를 찾아 살아온 시간들이 쌓였다.

그러니 지금 이 삶이 낯설지 않은 건 어쩌면 당연한 일이다. 현실의 몸은 여전히 그 집에 있었지만, 내 마음은 이미 오래전부터 떠나 있었던 것이다. 그이와 함께했던 날들이 멀게만 느껴지는 것도 그 때문이다.

나는 한 5년전부터 그 집에서 살았던 것이 아니라, 내 안에 조용히 지어 놓은 상상의 집에서 진짜 나로 살아가고 있었던 것이다. 누군가는 말한다. 뇌는 상상과 현실을 구분하지 못한다고. 그렇다면 내가 지금 느끼는 이 익숙함은, 단순한 기분이 아닌 오랜 시간 쌓여 온 마음의 기억일지도 모른다.

아이들이 어릴 적, 지친 하루 끝에 나는 자주 법륜 스님의 즉문즉설을 들으며 스스로를 다독였다. 타인들의 번뇌를 들으며, '아, 모두가 제각기 고통을 안고 사는구나' 하고, 그 속에서 작지만 깊은 위로를 얻기도 하고, 스님이 들려주시는 지혜를 가슴에 새기곤 했다.

어느 날, 불효하는 아들을 둔 한 할머니의 사연에 스님은 이렇게 조언하셨다.

"그 아들을 남의 집 아들이라고 생각하세요. 기대가 없으면 실망도 없습니다."

그 말을 듣고 '그래, 나도 해 보자.'고 생각했다. 그날부터 나는 남편을 '이웃집 사람'이라고 마음속에서 부르기 시작했다. 마치 염불처럼, 조용히, 반복해서. 그러자 신기하게도, 그를 바라보는 내 시선이 조금씩 달라졌다. 불만도, 분노도, 서운함도 옅어졌다. 이웃집 사람이니까, 기대할 일도, 상처받을 일도 없다. 그렇게 나는 그와 한 지붕 아래에 있으면서도, 마음 한 칸을 비워 거리를 두고 지낼 수 있었다.

현실 속 나는 여전히 그 집에 있었지만, 내 영혼은 틈틈이 상상의 집으로 도망쳐 평정을 찾았다. 그런 시간들이 있었기에 지금까지 버텨 왔을 것이다.

나폴레옹 힐은 말했다. "마음이 상상하고 믿는 것은 무엇이든 실현할 수 있다."고. 얼 나이팅게일도 말했다. "인간은 자기 생각대로 된다."고.

선인들이 알려 주듯, 진짜 변화는 바깥이 아니라 내 안에서 시작되고 있었다. 이 삶은 어느 날 갑자기 시작된 것이 아니다. 나는 이미 오래전부터 내 마음속에서 이 삶을 준비해 오고 있었던 것이다.

지난 상처들을 떠나보내다

 인생 후반의 새로운 시작을 열어 주었던 2023년이 저물어 간다. 독립한 지 석 달. 이 여유는 어디서 온 것일까. 그동안 외면했던 상처들을 조심스럽게 꺼내어, 하나씩 어루만져 본다.

 증오로 가득했던 시간, 이를 악물며 버텼던 순간들, 고통으로 얼룩진 나날들. 아픈 육체는 더 큰 서러움이 되었고, 무력감은 마음의 밑바닥까지 가라앉았다. 쓰러질 듯한 피로, 숨 막히는 외로움, 무너져 내릴 듯한 우울 속에서 나는 버텼다.

 세월만큼이나 복잡하게 얽혀 버린 감정들. 어느 날은 거센 파도로, 또 어느 날은 몸을 휘청이게 하는 회오리바람으로 나를 덮쳤다. 명상과 운동, 마음공부를 통해 가까스로 조금씩 가라앉히며 버텨 냈다.

 사람들은 말한다.

"내려놓으세요."

"그냥 흘려보내세요."

하지만 우리는 안다. 그것이 얼마나 어려운 일인지. 속세를 떠나 수행이라도 하지 않는 한, 중독이 되어 버린 감정을 완전히 내려놓기란 마음처럼 쉽지 않다. 내려놓았다고 생각했던 그놈의 감정들이, 어느 날 불쑥불쑥 고개를 든다. 세월 속 세포 깊숙이 스며든 감정들은 내 의지와 무관하게 살아 움직인다.

나는 일본 유학 시절, 연구에만 몰두했다. 예정된 미래에 대한 설계도 없었고, 남편과의 충분한 대화도 없이 무방비로 대만이라는 낯선 땅으로 뛰어들었다. 그건 마치 아무런 준비도 없이, 나침반도 지도도 없이, 그저 노 하나에 의지해 끝이 보이지 않는 바다를 향해 떠나는 항해 같았다.

몸이 회복되지 않은 상태에서 둘째를 임신했고, 두 아이의 육아와 언어 장벽, 전임 교수로서의 책임까지 짊어진 채 숨 가쁘게 달렸다. 그러는 사이, 나는 내가 어디로 향하고 있는지도 모른 채 그저 버티고만 있었다. 몸이 더 이상 나를 따라 주지 않게 되어서야, 나는 비로소 멈춰 설 수 있었다.

결혼 생활에 대한 불만이 쌓였지만, 그것을 해결할 구체적인 시도조차 하지 못했다. 충돌하면서라도 해결책을 찾아야 했었다. 함께 살아가는 관계 속에서 인내만이 현명한 태도는 아니었다. 어쩌면 나는 너무 일찍 포기했는지도 모른다. 그래도 적어도, '결혼이란 무엇인지'에 대해 더 깊이 고민했어야 했다. 그것이 내 책임이고 의무였는데.

　대만 생활의 초창기, 나는 너무나도 연약했다. 준비 없이 맞이한 그 삶 속에서, 그와의 관계는 평행선을 유지하지 못한 채 서서히 기울기 시작했고, 시간이 흐를수록 그 기울기는 되돌리기 어려운 경사가 되어 버렸다.

　그렇다면 지난 17년간의 대만 생활에서 나는 아무것도 얻지 못했을까? 그렇지 않다. 나는 사랑하는 두 아들의 성장을 지켜보았고, 좋아하는 일을 하며 성취를 맛보았다. 정교수가 되었고, 늘 곁에 있어 주는 제자들과 좋은 사람들을 만났다. 그 모든 인연과 경험들이 오늘의 나를 지탱하는 든든한 버팀목이 되고 있음에 틀림없다.

　그간의 삶이 온통 힘들기만 했던 것은 아니다. 기억 속 어딘가에는 마음이 따스하게 물들었던 순간들도 분명히 있다. 그런데 나는 왜 유독 아픔만을 꺼내 들고 그것들에 집중하는가. 행복과 불행은 늘 엇갈리며 교차하는 법, 모든 날이 환하게 빛날 수는 없다. 빛으로만 가득한 인생이 있다면, 그것은 누군가 꾸며 낸 환상일 것이다.

　김나위 작가는 『내가 나를 위로할 때』에서 말한다. "좋은 일보다 나쁜 일이 더 깊이 뇌에 남는다. 그래서 우리는 삶에서도, 타인의 이야기 속에서도 불행을 먼저 보게 된다."고.

돌아보면, 나 역시 그 고통을 품에 안고 살아왔던 것 같다. 그 고통들은 나의 감정이 반응해서 나타난 현상인데, 마치 주위에서 내게 떠맡긴 것처럼 여겨 왔다. 그리고 스스로에게 상처를 되새기듯 반복했고, 고통을 끌어안은 채 하루하루를 버텨 냈다.

나의 감정에 휩쓸려 사는 삶이 자신의 선택임을 자각하지 못한 채 하루하루를 보냈다. 그리고 그런 생각과 에너지 흐름이 내 마음과 몸을 조금씩 병들게 했다.

'이제는 더 이상 그 책임을 누구에게도 돌리지 말자. 그리고 이미 지나간 과거에 더는 나의 에너지를 쏟지 말자.'

나는 그 긴 굴레에서 벗어나, 새로운 삶을 향해 조심스레 첫발을 내디뎠다.

헬렌 켈러는 말했다. "세상에 기쁨만 존재한다면, 우리는 결코 용기와 인내를 배울 수 없었을 것이다."라고. 정말 그렇다. 나는 지난 시간을 통해 강인함을 배웠고, 인내의 가치를 알게 되었으며, 조금은 더 지혜로운 방향으로 마음을 이끌 줄 아는 사람이 되어 가고 있다.

그 아픔들은 헛된 것이 아니었다. 그들은 내 인생의 깊이를 만들어 준 귀한 조각들이었고, 내가 다시 일어설 수 있게 해 준 보이지 않는 힘이었다. 시련은 이유 없이 다가오지 않는다. 그들은 때로는 조용히, 때로는 거칠게 나를 흔들어 깨우며 멈추지 말고 걸으라고, 게으르지 말라고, 내면을 돌보라고 속삭여

왔다.

그래서 이제는 믿는다. 그 모든 시련이, 결국 내게 주어진 선물이자 삶이 보내온 작고 단단한 축복이었다는 것을. 이제 나는, 내 과거와 조용히 화해하며 2024년을 맞이하련다. 새해의 첫 아침, 마음 깊은 곳에 이렇게 다짐을 새긴다. "내 인생이라는 드라마를 내가 직접 써 내려가겠다. 그 이야기의 주인공으로 온전히 살아가며, 때로는 한 발 물러서서 나를 바라보는 관찰자로 깨어 있겠노라."고.

누더기를 쓰고 슬쩍 다가온 기회

　독립해 처음 월세를 내며 살다 보니, 대만의 집세가 의외로 비싸다는 사실을 체감하게 되었다. 물가로만 따지면 한국보다 저렴해야 할 텐데, 호텔 숙박비며 임대료까지 오히려 더 비쌌다. 계산기를 꺼내 들고 월세에 12개월, 다시 5년, 10년을 곱해 보니, 숫자들은 명확했다. 이대로 흘러가는 것보다, 무리하더라도 내 집 하나쯤은 있어야겠다는 생각이 들었다.

　그날부터 밤이면 부동산 사이트를 켜 놓고, 지금껏 한 번도 관심을 두지 않았던 시세를 들여다보았다. 별거한 지 40일이 되던 밤, 한 아파트에 시선이 멈췄다. 비슷한 연식과 구조의 매물에 비해 현저히 저렴한 가격이었다. 클릭해 보니 '法拍屋'이라는 말이 적혀 있었다. 처음 보는 단어였다. 사전을 찾아보니 '경매'라는 말이었다. '法拍屋'는 '법원이 압류해 파는 집'이라는 의미였다.

그 매물은 내가 근무하는 학교에서 차로 15분 거리에 있었다. 지하철역과 초등학교, 중학교가 바로 앞에 있고, 도보로 3분 거리에 대학도 있었다. 게다가 인근에는 세계적인 반도체 기업인 TSMC 2나노 생산 공장이 들어설 예정인 곳이다. 위치도, 가격도, 환경도 더없이 매력적이었다. 경매가 3차까지 이어지며 가격은 최초 시세보다 약 40%나 낮아져 있었다. 혹시나 하는 마음으로 주소를 검색해 보았다. 그리고 그 집에 얽힌 이야기를 알게 되었다.

1년 전, 그 집의 주인은 부엌에서 쓰러진 채 사망했고, 이틀 후에야 발견되었다고 한다. 문득, 지금 살고 있는 임대 계약서의 조항 하나가 떠올랐다. '이 집에서 사망하지 말 것.' 당시엔 웃으며 넘겼던 문장이, 이제는 묘하게 현실감 있게 다가왔.

은행에 근무하는 지인에게 이 사실을 전하자, 그는 조심스럽게 조언했다.

"그런 사연이 있는 집이라면 다시 생각해 보는 게 좋지 않을까?"

나는 중개인에게 전화를 걸어 약속을 취소했다. 이유도 솔직히 말했다. 그는 "자연사입니다."라고 말하며 다른 매물을 소개하겠다고 했다. 하지만 마음은 이미 식어 있었다.

허탈한 마음으로 밤 산책에 나섰다. 산책을 하다 문득 오래

전 읽었던 부처님의 말씀이 떠올랐다. 자식을 잃고 정신적으로 이상해져 버린 한 여인이 부처를 찾아와, 자신의 아픔을 없애 달라고 애원했다. 그녀에게 부처는 열매씨 하나를 구해 오면 치유할 수 있다고 말했다. 단, 그 씨앗은 '사람이 죽은 적 없는 집'에서만 얻어야 한다고 덧붙였다. 여인은 온 마을을 돌아다녔지만, 죽음이 들르지 않은 집은 하나도 없었다. 그때 그녀는 비로소 깨달았다. 죽음은 누구에게나 오는 손님이며, 자신의 슬픔이 특별하지 않다는 것을.

나는 생각했다. 죽음이 깃들었다는 이유만으로 그 집의 가치가 깎여야만 하는 걸까. 언젠가 나도 내 집에서 삶을 마무리할 수 있다. 그것은 무섭거나 불길한 일이 아니라, 삶의 자연스러운 흐름이지 않은가.

꺼내기조차 꺼리는 그 두 글자 '죽음'은 우리 일상 속에서 종종 외면된다. 동료 교수들의 단톡방에서 누군가의 부고 소식을 알렸을 때, 평소와는 다르게 답장이 없었던 것도 그 때문이었을 것이다. 죽음 앞에서는 모두가 조용해진다. 무슨 말을 해야 할지 몰라, 그저 피하고 싶은 것일 게다.

하지만 죽음은 우리 삶의 한쪽에 늘 함께 있다. 지금 이 순간에도 누군가는 마지막 숨을 쉬고 있고, 언젠가는 우리 모두도 그날을 맞이한다. 그 장소가 병원이든, 집이든, 그것은 본질적인 문제가 아니다. 그 생각에 이르자, 나는 다시 핸드폰을 꺼내 중개인에게 문자를 보냈다.

다음 날, 해당 아파트 로비에서 중개인을 만났다. 그는 집주인이 지병을 앓던 독신 남성이었고, 어머니는 최근 남편까지 떠나보낸 후 마음의 여유가 없어 아파트 구매 시의 은행 대출을 정리하지 못했다고 했다. 이 3차 입찰이 또 유찰되면, 어머니의 형편은 더 어려워질 것이라며 안타까운 표정을 지었다.

입찰 전날, 나는 출근길에 다시 그 아파트를 찾아갔다. 내부를 볼 수는 없었지만, 나는 밖에서 조용히 그 건물을 바라보며 스스로에게 물었다.

"나는 진심으로 이 집을 원하는가?"

"내 선택이 누군가에게도 따뜻한 손길이 될 수 있을까?"

그 두 질문에, 나는 마음을 다잡고 고개를 끄덕였다.

그리고 입찰 당일, 나는 처음으로 대만 법원의 문을 열고 들어갔다. 모든 것이 낯설고 긴장됐지만, 내게 부끄럽지 않은 금액을 정성껏 적었다. 응찰자는 총 8명, 그리고 낙찰자는… 나였다. 그 순간의 기분을 뭐라 말로 형용할 수는 없지만, 분명했던 건, 내 인생에 뜻밖의 '마이홈'이 생겼다는 사실이었다.

웨인 다이어는 이렇게 말했다.

"사물을 바라보는 방식을 바꾸면, 당신이 보는 세상도 달라진다."

그날 불서의 한 구절이 떠오르지 않았다면, 이 집은 다른 누군가의 것이 되었을 것이다.

토마스 에디슨은 말했다. "기회는 작업복을 입고 있기 때문에 대부분의 사람들은 알아보지 못한다."고. 기회는 언제나 반짝이지 않는다. 때로는 삶의 어둡고도 조용한 뒷골목에서, 불행이라는 가면을 쓰고 다가오기도 한다.

이번 기회는, 내 절실함이 그것을 놓치지 않게 해 주었다. 입찰까지 남은 시간은 단 일주일. 자금도 부족했고, 영주권만 있는 내 신분으로는 은행 대출도 쉽지 않았다. 중개인은 발 벗고 나서서 은행을 알아봐 주며 시간과의 사투가 벌어졌다.

데일 카네기는 말했다. "때를 놓치지 마라. 대부분의 사람들은 기회가 와도 그것인 줄 모르고, 그저 기회가 오지 않는다고 불평한다."고. 돌이켜 보면, 나는 그 '때'를 놓치지 않았다. 삶이 내게 문을 열어 주었을 때, 나는 무의식 속 잠들고 있던 그 용기를 뒤흔들 수 있었다.

설렘과 당황이 공존한, 그 첫 대면

드디어 오늘이다. 경매로 낙찰받은 내 첫 집. 드디어, 정말로 드디어 내부를 보게 되는 날이다. 몇 달 동안 상상만 해 온 그 공간과의 첫 만남. 하지만 아침 공기처럼 가벼운 설렘은 아니었다. 기대와 불안이 엉킨, 말로 설명하기 어려운 감정. 아침도 건너뛴 채 마음만 앞서 아파트로 향했다.

약속 시간에 도착했는데, 어라? 입구에 경찰차가 떡하니 서 있고, 그 앞에 경찰과 중개인이 나란히 서 있다. 가슴이 철렁.

'설마, 무슨 문제라도 생긴 건가?'

그런데 바로 이어 도착한 법원 차량. 심장이 덜컥 내려앉았다.

'혹시 내가 산 집에… 사고라도 있었던 걸까?'

내가 멍하니 있는 사이, 상황은 이미 착착 진행되고 있었다.

노련한 중개인이 경찰과 법원 직원, 그리고 나를 이끌고 엘리베이터로 향했다. 나는 본능적으로 중개인 옆에 바짝 붙었고, 뒤따르는 경찰과 법원 직원은 무슨 영화 장면처럼 내 뒤를 따랐다.

'대체 무슨 일이야!'

엘리베이터 문이 "딩" 하고 열렸다. 중개인이 열쇠를 돌려 문을 여는 순간, 전기가 끊긴 집 안은, 대낮임에도 칠흑 같았다. 한 발 들이는 순간, 나는 말을 잃었다.

'이게, 내가 산 집… 맞아?'

분명히 8년 된 구축 아파트라 했고, 외관은 멀쩡했는데 문을 열자마자 드러난 내부는 폐허에 가까웠다. 먼지는 소복히, 공기는 묵직하게, 온통 낯선 기운.

방 두 개라고 들었지만, 아무리 찾아봐도 방은 하나뿐. 나머지는… 탈의실? 창고? 평수도 넓다더니, 왜 이렇게 꽉 막혀 있는 느낌일까.

'이거… 혹시 사기당한 건가?'

나는 정전된 집 안을 유령처럼 헤매며, 이 구석 저 구석을 확인했다. 법원 직원과 중개인은 체크리스트를 꺼내 놓고 무표정하게 물품을 확인했고, 경찰은 문 앞에 꼿꼿이 서 있었다 (알고 보니, 대만 경매는 인수 과정에 경찰과 법원 직원이 입회한다. 나는 그날 처음 알았다).

중개인이 조심스레 말을 건넸다.

"경매 매물은 저희도 내부 확인이 불가능해요."

나는 억지트 미소를 지으려 했지만, 얼굴 근육은 이미 단체 파업 중이었다.

다음 날 아침. 밥도 목에 안 넘어가고 부랴부랴 다시 그 집으로 향했다. 오늘은 전기가 들어온다니, 빨리 가서 불을 켜고 안을 다시 확인하고 싶었다. 문을 열고, 스위치를 눌렀다.

"찰칵."

순간, 눈앞이 화려하게 물들었다. 형형색색 조명들이 반짝이며 집 안을 채웠다. 순간, 여기가 집인지 크리스마스 이브의 바(bar)인지 헷갈릴 정도였다.

어제의 의문들도 풀렸다. 방이 하나뿐이었던 건, 거실이 아예 바처럼 꾸며져 있었기 때문이었다. 독신 남성의 감각적(?) 선택. 햇빛을 가득 차단하던 커튼은 영화관용처럼 두툼하고 무겁기만 했다. 덕분에 낮에도 어둠 속이었던 것. 벽엔 각국에서 모아 온 듯한 기념품, 그림과 장식들로 채워져 있고, 방음 쿠션이 덕지덕지 붙어 있었으며, 천장에는 드라이플라워가 대롱대롱. 한마디로, 이 집은 '집'이 아니라 '개인 공연장'에 가까웠다.

사실 처음엔 리모델링 전까지는 세를 놓고 나는 그냥 월세집에 계속 살까 싶었다. 그런데 이상했다. 리모델링을 하고 하나하나 정리하며, 먼지를 닦고, 커튼을 젖히다 보니, 이 집에 대한 애정이 스르륵 생기기 시작했다. 집이라는 게 원래 그런 존재인지도 모른다. 낯설었던 공간이 손길을 주면 줄수록 내 마음에 닿아 오는 것.

'그래, 이 집에서 내 인생 후반전을 시작하자.'

• 타인의 이별에서 마주한 나의 이별

전화벨이 울렸다.

"여긴 법원입니다. 이혼 소송 통역을 의뢰하고 싶어서 전화드렸습니다."

소송 상대가 한국인이라 한국어 통역이 필요하다는 요청이었다. 이혼 소송이라니. 한 번도 해 본 적 없는 일이었다. 중국어도 유창하지 않다며 정중히 거절했지만, "내용이 복잡하지 않다"는 간청에 결국 마지못해 수락했다. 별거한 지 석 달 즈음의 일이었다.

며칠 뒤, 법원에서 관련 자료가 이메일로 도착했다. 30대 부부의 이혼 소송. 대만인 아내가 소송을 제기했고, 두 살배기 아들은 아내가, 첫째 딸은 한국인 남편이 양육 중이라는 내용. 이혼 사유로는 남편의 무책임, 잦은 다툼, 그리고 딸을 데리고 한국으로 떠난 뒤 연락을 끊었다는 항변이 담겨 있었다.

통역 당일, 예정 시간보다 한 시간 일찍 법원에 도착했다. 1층 로비. 여러 사람들 사이에서 여행 가방을 곁에 두고 한국말로 통화 중인 한 남자가 눈에 띄었다.

'아… 저 사람이구나.'

나는 일부러 그에게서 몇 칸 떨어진 자리에 앉아 조용히 서류를 들춰 보았다.

법정이 열리고, 아내 측의 이혼 사유가 화면에 떠올랐다. 나는 또박또박, 천천히 한국어로 통역을 시작했다. 그런데 통역이 반쯤 진행되던 순간, 남편이 갑자기 손을 들고 말을 끊었다.

"사실이 다릅니다."

그의 목소리는 단호했고, 억울함이 묻어났다.

"제가 한국에 가게 정리를 하러 간 사이, 아내는 다른 사람과 바람이 났습니다. 그런 사람이 저를 소송하다니… 납득이 안 됩니다. 오히려 제가 고소해야 할 입장 아닌가요?"

나는 조심스럽게 그의 말을 중국어로 옮겼다. 아내는 아무런 반박을 하지 않았다. 그때 검사가 단호하게 말했다.

"오늘은 이혼 사유를 따지지 않겠습니다. 이혼에 대한 동의 여부, 그리고 자녀 양육에 대한 입장만 확인하겠습니다."

남편은 이혼에는 동의하되, 두 아이 모두 자신이 키우겠다고 했다. 그렇게 30분의 시간 동안 두 사람은 감정의 평행선을 달렸다. 결국 '이혼 동의, 양육권 반대'라는 결론으로 그날의 재판은 마무리되었다.

기차를 타는 방향이 그 남편과 같았다. 나란히 앉은 우리는 자연스럽게 이야기를 나누었고, 기차에서 내린 뒤에도 근처 카페에 들러 못다 한 말을 이어 갔다. 나는 조심스럽게 말을 건넸다.

"아내 혼자 어린 두 아이를 키우는 것도 버거운데, 선생님 혼자 두 아이를 키우는 건… 정말 쉽지 않아요."

잠시 말을 멈추고, 조심스럽게 눈을 마주쳤다.

"자녀 양육은 인생의 큰 과제이지만, 그것으로 삶의 주인 자리를 완전히 빼앗기지 않았으면 좋겠어요. 복수심으로 아이를 지키려 한다면, 결국 모두가 상처받아요. 무엇보다… 부모가 행복해야, 아이도 행복해질 수 있어요."

그는 한참을 조용히 있다가 답했다.

"우리 어머니도, 어린 아들은 아내에게 맡기라고 하셨어요."

나는 미소 지으며 말했다.

"대만에 있는 아들, 보고 싶지 않으세요?"

"…당연히 보고 싶죠."

"그렇다면 딸의 영상이나 사진을 먼저 아내에게 보내 보세요. 아내도 아들의 소식을 전해 올 거예요. 아들을 아내에게서 데려오려 하기보다, 지금 아들을 잘 돌보고 있다는 사실에 감사해 보세요."

나는 마지막으로 이렇게 말했다.

"행복하세요. 그게 가장 멋진 복수예요. 멋진 아빠로, 멋진 삶을 살아가다 보면, 대만에 있는 아들이 반드시 언젠가 아빠를 찾게 될 거예요. 그날까지 딸을 잘 키우고, 몸도 잘 챙기세요."

그리고 당부했다.

"대만에 대한 부정적인 감정도, 천천히 내려놓으세요. 이곳에는 좋은 사람, 참 많아요."

그는 끝내 미소 지으며 "고맙다"고 말했다. 진심이 닿았던 걸까. 단단하게 닫혀 있던 마음의 문이 살짝 열린 듯했다. 지금 그는 한국에서 딸과 함께 잘 지내고 있고, 가끔 영상으로 딸의 웃는 모습을 보내 준다.

그날의 통역은 남의 이혼을 돕는 하루였지만, 어쩌면 과거의 나를 조심스럽게 되짚어 보는 시간이었는지도 모른다. '이혼', '자녀 양육', 그 무거운 단어들 뒤에는 말하지 못한 후회와 씁쓸한 기억들이 마치 먼지처럼 떠올랐다.

자녀 양육. 물론 중요한 일이다. 하지만 그 하나에 모든 삶을 걸어, 정작 '나'라는 존재를 잃어버리는 일이 없었으면 좋겠다. 우리는 누구나 자신의 인생 드라마에서 주연으로 살아야 한다. 자녀를 위해서도, 그리고 무엇보다, 자신을 위해서도.

부부로 맺어진 인연은 끊었다고 해서 완전히 끝나는 관계는 아닐 것이다. 각자의 길을 걷게 되더라도, 때때로 마음속 깊은 곳에서 그 사람의 평안을 조용히 빌어 줄 수 있는 그런 여유가 있었으면 좋겠다. 그대도 나도, 그렇게 살아갈 수 있기를.

• 초록과 함께 시작하는 일상

"가장 하고 싶은 게 뭐야?"

마이홈으로 이사 온 후, 스스로에게 조용히 물었다. 문득 마음 한편에서 속삭이듯 대답이 올라왔다.

"식물… 한번 키워 보고 싶어."

예전에는 한 번도 진지하게 생각해 본 적 없던 일이었다. 내게 식물은 늘 '사서 고생' 같았다. 하루하루가 버거웠고, 아이들 돌보는 일만으로도 벅찼던 시절, 초록에게 마음을 건넬 여유 따윈 없었다.

그런데 집을 나와 월세방에서 처음으로 식물을 키우고 싶어졌다. 창가에 앉아 마시는 햇살 한 모금, 그 옆에 놓인 초록빛이 떠올랐다. 유튜브로 식물 키우는 영상을 보며, 그 모습을 따라 웃던 나. 그땐, 언젠가 아주 먼 미래의 일이라 생각했었다.

나는 소위 '죽이기 어렵다'는 식물부터 하나둘 들였다. 처음엔 망설였지만, 해 보니 오히려 내가 더 살아나는 기분이었다. 잎사귀에 붙은 먼지를 우유에 적신 물티슈로 조심스레 닦아 주는 시간. 예전엔 번거로워 보였던 그 일이, 이제는 나를 고요하게 만들고 마음을 맑게 비우는 시간이다.

조그마한 거실에 하나둘 채워지고 있는 식물들

아침에 눈을 뜨면 가장 먼저 눈길이 가는 곳. 책상에 앉을 때도, 차를 마실 때도, 심지어 화장실을 오가며 무심코 시선을 주는 그 존재들. 무엇보다 외출에서 돌아와 문을 여는 순간, 변함없이 기다리고 있는 초록이 내 마음을 조용히 안아 준다.

'내가 언제 이렇게, 혼자서 웃을 수 있게 되었지?'

하루는 식물을 귀찮아하던 작은아들이 화분 앞에 멈춰 서서 말했다.

"우리 집, 진짜 편안해졌어."

밤이 되어 침대에 나란히 누워 창밖 야경을 바라보며 내가 말했다.

"이 정도 뷰면 5성급 호텔이지?"

"맞아, 엄마."

아들이 웃으며 맞장구를 쳐 주었다. 행복의 기준은 참 단순하다. 넓은 평수도, 비싼 인테리어도 아니고, 햇살을 머금은 초록의 기척, 그 곁에서 고요히 웃고 있는 나 자신.

혹시 이 집의 전 주인 영혼이 어느 날 조용히 와서 이 달라진 풍경을 본다면, "이렇게 바뀌었구나. 나도 이렇게 살아 봤으면 좋았을 텐데. 내가 못 누린 평온을 당신이 누려 줘서 고마워요." 그렇게 마음속으로 인사했을지도 모른다. 그리고 나도 말없이 인사를 전한다.

"이 좋은 공간, 저에게 물려줘서 고맙습니다."

존 러스킨은 말했다. "인생은 흘러가는 것이 아니라, 채워지는 것이다. 우리는 하루를 '보내는' 것이 아니라, 내 안의 무엇으로 '채워 가는' 것이다."라고.

나는 이제 누군가의 시선 속 하루가 아니라, 내 마음의 속도에 맞춘 하루를 살아가고 싶다. 조급하지 않게, 조용히 숨 쉬듯, 초록으로 물든 이 공간에서 내 삶을 조금씩, 나답게 채워 가려 한다. 그리고 그 여정은, 지금 이 순간, 마이홈에서 고요히 시작되고 있다.

• 나를 쓰기 시작하다

 불과 2~3년 전부터였다. 아주 조금씩 글을 긁적여 오고 있었다. 누군가에겐 시작이라 부르기에도 민망할 만큼 소심한 발걸음이었지만, 내겐 분명 무언가를 '처음' 시작한 순간이었다.
 왜 쓰게 되었을까. 무엇보다, 아쉬움 때문이었다. 지나온 시간들이 언젠가는 내 기억 속에서 서서히 빛을 잃고 아무 일 없었던 듯 사라져 버릴까 봐. 그래서 나는 삶의 조각들을 종이 위에 붙잡아 두기로 했다. 기억이 흐릿해져도, 기록은 남으니까.
 또 하나의 이유는 마음속 깊은 곳에 묻어 둔 감정들 때문이었다. 꾹꾹 눌러 담아 둔 감정들을 이제는 꺼내어 햇살 아래 펼쳐 놓고 싶었다. 나만의 아픔, 나만의 경험들을 따뜻한 빛 아래 놓아두면, 어떤 감정은 바래 사라지고, 어떤 감정은 그제야 고요하게 빛을 발할지도 모른다. 떠날 건 떠나보내고, 남을 건 곁에 남겨두는 것. 그런 정리가 삶을 더 단단하게 만들어 줄 것 같았다.

홀로서기를 한 이후, 나는 글을 통해 나를 정리하고 싶어졌다. 내가 살아온 시간들을. 내 마음속 작은 불씨는 점점 커졌고, 그 불씨가 이끌어 준 곳이 '브런치스토리'라는 따뜻한 공간이었다.

2024년 9월 3일. 나는 드디어 브런치 작가로 등록되었고, 첫 글을 올리던 그날의 떨림은 지금도 생생하다. 그건 나에게 주어진, 새로운 삶의 선물이었고, 에세이 글쓰기는 내게 또 하나의 도전이었다. 내가 익숙했던 글쓰기라곤 연구 논문뿐이었다. 객관적인 자료와 분석, 감정을 철저히 배제한 건조한 문장들. 하지만 에세이는 달랐다. 감정을 담아야 했고, 나를 드러내야 했다.

한국을 떠난 지 30년, 생활 언어는 일본어가 되었고 또다시 중국어로 바뀌었으며, 모국어는 반쪽짜리가 되어 있는 듯했다. 어느 언어 하나 자신 있게 다룰 수 없게 되어 버린 나. 인정하고 싶지 않았지만, 글을 쓸수록, 절감하게 된다.

그래서 내가 써 내려가는 문장들은 여기저기서 삐걱거리고 덜컹거렸다. 서툰 문장, 어색한 표현들. 내 글을 누군가 읽고 피식 웃지는 않을까? 그 두려움은 늘 글 뒤에 그림자처럼 따라 붙었다. 그럼에도 마음을 다잡았다.

'일단 시작하라. 완벽함은 그다음이다.'

누군가의 그 말이, 내 등을 가만히 밀어주었다. 그리고 마침내 알게 되었다. 글쓰기는 '시작이 반'이 아니라, 시작이 곧 전부라는 것을.

글을 쓰며 나는 자꾸만 과거를 마주한다. 버겁고 지치기만 했던 육아의 순간이 이제는 웃음 섞인 추억으로 남아 있고, 이름조차 가물한 학생들이 지금 어디서 어떻게 살아갈지 상상해보기도 한다. 아팠던 과거를 다시 마주하면, 여전히 아프다.

어느 날, 글을 쓰다 마음이 흐려졌다. 해가 저물 무렵, 근처 커피숍에서 공부 중이던 고1 아들을 데리러 갔다. 아들은 조용히 차에 올라타더니, 백미러를 통해 내 얼굴을 살폈다. 그러고는 단 한 치의 망설임도 없이 물었다.

"엄마, 무슨 일 있었지?"

"아니."

"누구 만났어?"

"아니야, 하루 종일 집에 있다가 나온 거야."

"근데 왜 표정이 그래?"

"내 표정이 어떤데?"

"슬픈 표정이잖아. 빨리 말해, 무슨 일 있었던 거야?"

"…그냥 글 좀 쓰다가."

"엄마, 그냥 가볍게 쓰면 되잖아. 왜 그렇게 열심히 써? 바보같이."

맞다. 가볍게, 누군가의 이야기처럼 쓰면 될 일이다. 하지만 나는, 글을 쓰다 보면 과거 속으로 그대로 빨려 들어가곤 한다. 그때의 감정이 다시 살아난다. 가슴이 조여 온다. 분명 머릿속에서는 다 정리하고 흘려보냈다고 생각했는데…. 아직은 아니었나 보다.

'아직은 덮어 둘 때구나.'

그렇게 몇 번이고 되뇌며, 쓰던 글을 멈추곤 한다.

나는 글을 쓰면서 점점 달라지고 있다. 혼란스러웠던 과거가 조금씩 정리되고, 흐릿했던 내 마음의 윤곽이 선명해진다. 무엇을 원하는지, 지금 어떤 감정에 머물고 있는지, 이제야 조금씩 보이기 시작했다. 무심코 흘려보내던 내 일상에도 시선이 닿는다.

'나는 지금, 어떤 하루를 살고 있나.'

나에게 묻고, 나를 살피는 시간이 늘고 있다.

마음이 머무는 곳에 내가 있다

 아침부터 씨름 중이다. 충전이 필요하다는 생각에 자리에서 일어나 따뜻한 우롱차를 한 잔 우려 마셔 보지만, 위로는 잠시뿐이다. 아들이 추천해 준 피아노곡을 조용히 틀어 보았지만 오히려 더 산만하다. 내 취향이 아니구나 싶어 명상 음악으로 바꿨더니, 이번엔 졸음이 슬그머니 찾아온다.
 아직 오전인데도, 책상에 앉아 겨우 한 시간 작업했을 뿐인데, 뇌는 벌써 다섯 시간쯤 혹사당한 것처럼 무겁다. 이 방법, 저 방법, 온갖 수단을 동원해도 집중은 찾아오지 않는다. 30분 작업에 뇌는 항복을 외치고, 1시간을 억지로 버텼더니 이번엔 온몸이 피로를 고발한다.
 결국 자리에서 일어나 명상을 겸한 기공(氣功)을 했다. 20분쯤 지나자 마음이 조금 가라앉고, 비로소 내 안을 들여다볼 수 있게 되었다.

'왜 이렇게 집중이 안 될까?'

사실, 어제부터 그랬다.

두 달 전쯤 한 기관에서 한국어 시험 기출문제를 심사해 달라는 메일이 왔다. '기출문제 심사'라는 간단한 설명뿐이었고, 그동안 종종 받아 온 요청이라 별 고민 없이 수락했다. 나의 무심한 성격 탓도 있었고, 대만식 단순한 일 처리에 익숙해진 탓도 있었다.

그리고 어느 날, 잊고 있던 그 요청이 다시 날아왔다. 링크를 열어 심사 요령을 훑어보고, '문제 목록'을 클릭하자, 무려 1,000개의 문항이 눈앞에 펼쳐졌다. 각 문항마다 세 가지 관점에서 평가해야 했고, 난이도, 적합성, 오류 여부를 체크한 후, 비고란에 문제가 있다면 구체적으로 적어야 했다. 이건 단순 심사가 아니라 거의 편집자 수준의 작업이었다.

'이렇게 많을 줄 알았으면 미리 알려 줬어야지…'

앞쪽 문항들엔 낯선 표현들이 수두룩했다. 분명 아주 오래 전 출제 문제들일 것이다. 그날 낮부터 밤까지 매달려도 겨우 150문항을 심사했을 뿐이다. 앞이 까마득했다.

오늘은 일요일. 그래도 조금이라도 더 진도를 나가 보자고 아침부터 각오를 다지고 책상 앞에 앉았건만, 1시간 만에 벌써

녹초가 되어 있었다. 집중은 바람처럼 사라졌고, 나는 문항들과 눈싸움을 하듯 겨우겨우 버티고 있었다.

그때, 문득 멈춰 섰다. 그리고 조용히 내 안을 들여다보았다. 무엇이 이토록 나를 지치게 했을까? 작업량도 아니고, 복잡한 심사 항목도 아니었다. 진짜 원인은 조바심이었다. '빨리 끝내야 한다'는 마음이 초조함과 긴장을 불러오고, 그 감정이 집중을 흐리고, 집중이 흐려지니 일은 재미없고, 재미없는 일은 더욱 힘겹게 느껴졌다.

불교에서는 말한다. 일체유심조(一切唯心造), 모든 것은 마음에서 비롯된다고. 그 가르침을 다시 떠올리며 내 안에서 부풀어 오른 조바심을 들여다보자 거짓말처럼 마음이 차분해졌다. 그리고 조금씩, 다시 일에 몰입할 수 있었다. 이틀간 집중한 끝에 마침내 모든 심사 작업을 마칠 수 있었다.

더 빨리 가려는 마음은 오히려 우리의 발목을 잡는다. 초조함과 불안, 긴장은 불필요한 감정의 소모를 낳고, 그 찌꺼기는 육체적 피로로 이어진다. 몸과 마음은 다른 듯하지만 늘 서로를 흔들며, 조용히 영향을 주고받는다.

예전의 나는 마음의 신호를 애써 무시했다. 불편한 감정을 외면한 채, 몸을 다그치며 억지로 밀어붙였다. 머그컵에 커피를 가득 채워 하루 세 잔씩 들이붓고, 심신의 외침을 외면하며 일에만 매달렸다. 그리고 항상 몸이 먼저 무너졌다.

"인생엔 공짜가 없다."

그 말이 뼈에 새겨지기까지 나는 많은 대가를 치러야 했다. 하지만 그 값비싼 배움은, 온전히 내 것이 되었다.

"인생에는 실패는 없고, 오직 학습만 있을 뿐이다."

그 말 역시 이제는 깊이 실감한다.

이래서 중년은 살 만하다. 젊은 날의 무모한 열정도 아름다웠지만, 지금의 나는 시행착오로 다져진 지혜로 조금은 더 단단하고, 조금은 더 여유롭게 살아갈 수 있다. 만약 신이 청춘과 중년 중 하나를 고르라고 한다면, 나는 주저 없이 지금 이 중년을 택할 것이다. 청춘은 한 번으로 족하다. 그보다, 이제 막 살아 내기 시작한 이 '중년의 나'에게 더 집중하고 싶다.

콩국수 한 그릇의 깨달음

올 8월, 고향에 내려갔을 때였다. 언니, 동생과 셋이서 소문난 콩국수 전문점을 찾았다. 내가 먹고 싶다고 졸라서였다. 들깻가루가 듬뿍 들어간 고소한 국물, 한 입 먹자마자 고향의 여름이 입안 가득 퍼졌다. 우리는 그릇을 씻을 필요도 없을 만큼 깨끗이 비워 냈다. 일정은 짧았고, 다시 한 번 그 맛을 즐길 기회는 없었다.

대만으로 돌아온 후에도 그 콩국수의 맛은 불쑥불쑥 떠올랐다. 맛있는 음식을 많이 먹었건만, 유독 그 고소한 국물만이 그리움으로 남았다. 한국 음식점이 점점 늘고 있는 대만이지만, 냉면은 있어도 콩국수를 파는 집은 좀처럼 보이지 않았다. 나는 마음속으로 다짐했다. 다음에 한국에 가면, 최소 두세 번은 먹고 오리라.

그러던 어느 날, 우연히 유튜브를 보다가 콩국수 만드는 영상을 보게 되었다. 놀라웠다. 두부와 몇 가지 재료만으로 만들 수 있다니. 두부, 땅콩버터, 깨, 소금, 물. 손쉽게 구할 수 있는 재료였다. 나는 내 입맛대로 레시피를 바꿔 보기로 했다. 땅콩버터 대신 들깻가루를 넣고, 검은깨와 아몬드도 더했다.

그리하여 내 손끝에서 태어난, 아주 개인적인 콩국수 한 그릇.

※ 나의 콩국수 레시피 ※

재료: 두부, 들깻가루, 검은깨, 아몬드, 소금, 물

면: 메밀면

믹서기에 재료를 갈고, 메밀면을 삶아 곁들이면 끝.

무엇보다 건강에도 그만이다. 건강까지 생각한 맛이라니, 마음도 뿌듯했다.

첫입을 먹는 순간, 나도 모르게 웃음이 번졌다. 이 맛, 이 향, 이 부드러움. '둘이 먹다가 하나가 죽어도 모를' 맛이란 말이 절로 떠올랐다. 그토록 그리워하던 콩국수를, 낯선 타국에서, 내 손으로 만들어 먹다니.

나는 흡입하듯 먹었고, 그다음 날도, 그다음 날도, 콩국수는 내 식탁 위 주인공이 되었다. 심지어 밥을 말아 먹기도 했다. 도시락통에 담아 학교에까지 챙겨 가, 점심시간에 뚜껑을 열며 혼자 웃었다. 콩국수에 대한 내 사랑은, 그렇게 깊어져만 갔다. 그 맛을 더 빛나게 하고 싶어서, 김치까지 직접 담갔다.

누군가 "왠, 철 지난 콩국수야?"라고 물을 수 있겠지만, 여긴 여름이 기나긴 가오슝이다.

그렇게 8일. 매일 같은 시간, 같은 재료, 같은 설렘. 그리고 9일째 되던 날, 늘 하던 대로 콩국수를 만들었다. 면을 삶고, 국물을 붓고, 익숙한 의식처럼 한 모금 떠 넣었다. 그런데 아무 맛도 나지 않았다. 맹물 같았다. 어제까지의 그 고소함은 어디로 갔을까? 다시 한 젓가락, 그래도 마찬가지. 소금을 빼먹었나 싶어 확인해 봤지만, 넣었다. 재료도 그대로였다.

한참을 멍하니 그릇을 바라보다가, 문득 떠오른 말. '습관화에 의한 감각의 마비.' 너무 자주, 너무 익숙하게 먹은 탓에 내 뇌가, 내 혀가, 그 맛을 더는 감지하지 못하게 된 것이었다. 순간, 서늘한 깨달음이 머리를 스쳤다.

아무리 맛있는 것도 매일 먹으면 무뎌진다. 어디 미각뿐이랴. 매일 듣는 음악도 감동이 옅어지고, 매일 보는 풍경도 더 이상 숨을 멎게 하지 않으며, 매일 곁에 있는 사람의 따뜻한 손길조차, 어느새 당연해진다.

그러고 보니, 우리가 '행복하다'고 느끼는 순간은 언제나 짧고, 쉽게 지나가 버리는 듯하다. 그건 아마도, 감각이 점점 둔해지기 때문은 아닐까. 문득 내 주위를 둘러보았다. 매일 입는

옷, 익숙하게 들고 다니는 가방, 한때 설렘으로 고른 책들, 그리고 이 공간, 내가 사는 이 작은 집. 처음에는 분명히 가슴이 뛰었는데. 지금은 그저, 일상 속 배경이 되어 있다.

우리는 익숙함 속에서 감각을 잃는다. 그 덕에 힘들던 일도 차츰 덜 힘들게 느껴지고, 어려운 것도 습관이 되어 몸에 익지만, 반대로, 감동도, 감사도, 설렘도, 무뎌진다.

그래서일까. 불교는 말한다. 늘 깨어 있으라고. 삶의 평범한 순간들 속에도 고요한 행복이 숨어 있으니, 그것을 놓치지 말라고. 『행복하고 행복하고 행복하라』에서 읽은 문장이 떠올랐다.

"행복이란 기쁨과 환희를 느끼는 것이 아니라, 가장 보통의 상태, 곧 평화의 상태를 말합니다. 우리는 늘 행복 속에 살고 있지만, 잘못된 기준이 우리를 자꾸 높은 곳으로 밀어 올리려 하고, 그래서 스스로를 불행하다고 느끼게 만드는 것입니다."(159쪽)

맞다. 콩국수는 나를 배신한 게 아니었다. 어제의 그 맛은 여전히 거기 있었다. 변한 건 그저 내 감각이었다. 우리가 가진 많은 것들, 이미 충분히 소중하고 아름다운 것들이, 그 자리에 그대로 있다. 다만, 우리가 그 설렘을 느낄 마음을 잠시 닫아 두었을 뿐.

그날 이후, 나는 콩국수를 쉬어 가며 먹는다. 그리고 가끔, 문득 고요한 오후, 그 한 그릇을 정성스레 만들어 먹으며, 다시 설렘을 꺼내어 본다.

길은, 걷는 사람이 만든다

나는 산책을 좋아한다. 나무가 주는 그늘, 바람이 머물다 가는 여운, 조용한 걸음 사이사이에서 즐기는 사색의 시간이 좋다. 3년 전부터는 맨발 걷기를 시작하고 있다. 땅을 맨살로 느끼는 이 기분은 마치 대지와 직접 연결되어 내 안의 불필요한 전기가 빠져나가는 듯하다.

그런데 이곳으로 이사 온 후부터 상황이 달라졌다. 새로 이사한 아파트 근처의 작은 공원엔 맨발로 걷는 사람은커녕, 맨발을 받아 줄 만한 길도 보이지 않았다. 한국에서는 요즘 맨발 걷기가 '어싱'이라는 이름으로 꽤 알려졌다는데, 이곳 대만에서는 아직 낯선 풍경인 듯했다. 예전 동네에서도 내가 맨발로 걷는 모습을 이상하게 바라보는 이들이 많았다.

며칠을 고민하던 끝에 한 생각에 머물었다.

'그래, 없다면 만들면 되지. 내 맨발이 걸을 길을, 내가 직접 만들면 되는 거야.'

나는 공원을 천천히 돌기 시작했다. 사색하거나 음악이나 강연을 들으며 걸으니까 도로와 떨어져 조용한 곳이 좋고, 산책 후에 발을 씻을 수 있도록 수도가 가까이에 있으면 좋고, 무엇보다 뜨거운 햇살도 견딜 만한 나무 그늘 아래여야 했다.

그렇게 조건을 갖춘 장소에 눈도장을 찍었다. 하지만 그곳은 그야말로 황무지였다. 나뭇가지, 열매, 돌멩이가 어지럽게 흩어져 있었고, 나뭇잎이 층층이 쌓여 있었으며, 땅은 울퉁불퉁했다. 아마 지금까지 빗질을 해 본 적이 없는 듯한 곳이었다.

'과연 여기를 맨발로 걸을 수 있을까?'

잠시 주저했지만, 나는 곧 손에 막대기를 들었다. 돌부리를 치우고, 가지를 옮기고, 나뭇잎을 빗자루처럼 모아 쓸었다. 마치 내 집 앞마당을 돌보듯, 매일 10분, 15분씩 시간을 들였다.

그렇게 3개월쯤 지나자, 짧은 일자형 코스가 생겨났다. 작은 성취감이 마음속으로 번져 왔다. 그리고 4개월째, 나는 한쪽 코스를 길게 늘리고, 큰 나무를 중심으로 원을 그렸다. 전에는 없던, 운치 있는 원형 맨발 걷기 길이 나타난 것이다.

하루하루 땀 흘리며 길을 다듬는 나를 보며, 공원에 나오는 사람들도 하나둘 말을 걸기 시작했다.

"길을 참 예쁘게 만드셨네요."

원형이 된 맨발 걷기 길

청소하시는 아주머니가 먼저 말을 붙였다.

"맨발 걷기, 몸이 좋다고 하던데요?"

호기심 가득한 40대 여성의 눈빛.

"다음에 저도 여기서 맨발로 한번 걸어 볼게요."

매일 눈인사만 주고받던 분이 웃으며 말을 건넸다. 나는 기쁜 마음으로 그분들에게 대답했다.

"언제든지 오세요. 맨발 걷기가 건강에 좋아요."

그 대화가 오간 지 이틀 뒤, 아침 산책길에서 놀라운 광경을 마주했다. 내가 만든 길 끝자락에, 누군가가 갈퀴로 나뭇잎과 열매를 긁어낸 흔적이 보였다. 누군가가 나의 맨발 걷기 길에 동참한 것이었다! 심장이 뛰었다. 그날 나는 더 정성스레 돌부리를 치우고, 길을 고르게 다듬었다.

그다음 날에도, 또 그다음 날에도, 누군가의 손길이 길을 따라 이어져 있었다. 조금씩 넓어지고, 조금씩 단정해지는 길. 짧은 일자 선이 점차 6자형, 8자형으로 변화해 갔다. 하루하루의 흔적이 모여, 이제는 마치 공원 속 숨겨진 작은 맨발 걷기 산책길처럼 예쁜 모양새를 갖추게 되었다.

문득, 나는 생각이 들었다.

'이 길은 이제 더 이상 나 혼자만의 길이 아니구나.'

누군가와 함께 걷고, 나눌 수 있는 공간이 되었다는 사실이 마음을 따뜻하게 했다. 처음 이곳은 맨발로는 도저히 디딜 수 없을 만큼 거칠고 날카로운 땅이었다. 하지만 수십 번 갈퀴질을 하고 손길을 얹다 보니, 그 땅은 어느덧 사람을 품는 길로 바뀌어 있었다.

생각해 보면, 인생도 마찬가지다. 처음부터 나를 위해 마련된 길이란 없다. 길은 찾는 것이 아니라, 매일 조금씩 만들어가는 것. 처음 내딛는 길은 언제나 낯설고 두렵다.

'이 길이 과연 내 길일까?'

망설임과 의심이 밀려오기도 한다. 그러나 하루하루 조심스레 디딘 발자국이 쌓이면 좁고 어색하던 길도 차츰 넓고 단단해진다. 그 길은 결국 나의 길이 되고, 뒤따라올 누군가에게는 디딤돌이 되기도 한다.

물론 모든 길이 순조롭게 펼쳐지는 것은 아니다. 정성을 다해 만든 길이 하루아침에 사라지기도 한다. 실제로 2024년 11월, 태풍이 지나간 날 내가 만든 길은 순식간에 흔적도 없이 사라졌다. 그 순간은 아팠지만, 그 감정에 오래 머물지 않기로 했다. 그저 다시 갈퀴를 들고, 처음처럼 새 길을 만들 뿐이다. 무너짐은 끝이 아니라, 다른 방향을 가리키는 신호일지도 모르니까.

   내가 만든 길은 무에서 유를 만들고, 낯선 것을 익숙함으로 바꾸며, 혼자의 공간을 함께의 공간으로 넓혀 가는 일이다. 오늘도 나는 그 길을 걷는다. 맨발로, 조용히, 천천히. 그러는 사이, 내 안의 길도 조금씩 넓어지고 단단해지고 있다.

• 비우며 비로소 채워지는 삶

　미니멀리스트는 아니지만, 단순한 삶을 오래도록 동경해 왔다. 간소한 삶에는 묘한 자유로움과 여유가 깃든다. "크게 버리는 사람만이 크게 얻을 수 있다."라는 법정 스님의 말처럼, 비워야 비로소 채워진다. 심플함은 단지 공간의 문제만이 아니다. 삶의 구조, 뱃속의 질서, 마음의 결까지 이어진다.

공간을 비우며
　공간은 삶을 비추는 거울이다. 공간이 달라지면 삶의 방식이 바뀌고, 삶이 바뀌면 결국 인생도 달라진다.
　홀로서기를 준비하던 2년 동안 나는 많은 물건을 정리했다. 특히 옷이 많았다. 입지 않은 옷들로 가득한 옷장을 들여다보며 나는 지난 4년간 옷으로 마음의 허기를 채우려 했다는 걸 알게 되었다. 옷의 절반 이상을 버리고 나니 더는 새 옷이 갖고 싶지 않았다. 그 후로 4년 동안 옷을 사지 않았다. 올겨울 출장길에 산 패딩 하나가 전부다.

새 집에는 최소한의 가구만 들였다. 가구점 사장님의 권유도 정중히 거절했다. 삶의 공간을 물건으로 채우고 싶지 않았다. 내 방에는 침대와 옷장, 아들 방에는 침대와 책상만 두었다. 거실에는 소파도, 식탁도, TV도 없다. 대신 긴 탁자 하나와 책장 하나.

책에 대한 욕심도 놓았다. 연구용 책 대부분은 이전 집에 두고 이곳에는 꼭 필요한 책 몇 권만 데려왔다. 앞으로의 연구를 위한 자료는 연구실에 있다. 이제 이 집은 책으로 가득한 공간이 아니다.

몸을 비우며

비우기는 공간에만 머물지 않는다. 내 몸 역시 덜어 내고 싶었다.

육류를 끊은 지 10년. 5년 전부터는 '무엇을'보다 '어떻게' 먹느냐가 더 중요하다는 걸 알고, 조리법이 단순해졌다. 볶고 튀기는 요리는 거의 사라지고 찌고 데치는 방식이 중심이 되었다. 조미료도 최소한만 사용한다.

한때는 기름조차 쓰지 않는 자연식을 철저히 따르기도 했지만, 지금은 조금 느긋해졌다. 외식 자리에서는 생선을 먹고,

계란도 필요하면 받아들인다. 감정을 소모하지 않는 것이 더 중요해졌기 때문이다.

아침은 과일, 점심은 직접 준비한 식사. 대만 음식은 대부분 볶고 튀기기 때문에 자연식을 고수하려면 스스로 만들어야 한다. 저녁은 강의가 있는 날엔 식사로, 없는 날엔 고구마나 과일, 생야채로 간단히 마무리한다. 맛집을 찾는 일도 자연스레 줄어들었다.

마음을 비우며

몸과 마음은 서로 연동되어 있다. 마음이 비워져야 몸도 가벼워지고, 몸을 덜어 내면 마음도 따라 고요해진다.

일터에서도 욕심을 내려놓기 시작했다. 이젠 정말 의미 있는 일만 선택한다. 하지 않으면 불안했던 일들 앞에서 나는 묻기 시작했다.

'정말 필요한가? 누구를 위해 하는가?'

그 물음 끝에 해야 할 일과 놓아야 할 일 사이에 선이 생겼다. 생각이 단순해지자 머릿속의 번잡함도 줄어들었다. 지나간 과거를 되새기거나, 오지 않은 미래를 앞당겨 걱정하는 시간도 줄어들었다.

인간관계 역시 단순해졌다. 타인을 바꿀 수 없다는 사실을 받아들이고 나니 맞출 수 있는 건 맞추되, 맞지 않는 것은 애써 부딪히지 않는다. 적당히 비켜서는 것도 때로는 더 깊은 지혜가 된다.

　세상은 너무 빠르게 돌아간다. 물건은 넘치고, 정보는 끝도 없이 쏟아진다. 감정은 사소한 자극에도 쉽게 흔들린다. 그 속에서 나는 나를 놓치고 있었다. 지치고 버거운 하루하루를 견디며 스스로에게 질문 한 번 건네지 못한 채 그저 버티기만 하다, 결국 무너졌다.

　살기 위해 멈춰야 했다. 익숙한 일상을 하나씩 내려놓았다. 그 변화의 이름은 '심플함'. 간소한 삶에는 여백이 있다. 그 여백이 나를 숨 쉬게 하고, 진짜 필요한 것이 무엇인지 조용히 가르쳐 준다.

죽음 곁에서 삶을 되묻다

올 한 해, 우리 학교에 두 번이나 부고가 들려왔다. 죽음은 언제나 먼 미래의 일처럼 느껴지지만, 가까운 이의 갑작스러운 소식은 그것이 얼마나 우리 곁 가까이에 있는지를 일깨운다.

첫 번째는 옆 학과의 예술가 교수님. 늘 품위 있게 걸으시던 그분의 모습이 아직 선하다. 말투 하나, 옷차림 하나까지도 늘 단정하고 멋있었다. 추모식에서는 그분이 정부와 지역 사회에 기여한 예술적 업적들이 하나하나 소개되었다. 가장 인상 깊었던 건, 돌아가시기 한 달 전, 암으로 입원 중이셨음에도 의사에게 양해를 구해 강의에 오셨다는 이야기였다. 그 진심은 학생들과 동료 교수들의 눈시울을 적셨다.

몇 달 후 또 한 분의 부고가 들려왔다. 한때 부총장을 지내셨던 분으로, 건강 악화로 직을 내려놓으신 지 얼마 되지 않아 세상을 떠나셨다. 2년 전, 학교 건강검진 날, 내 앞에서 줄을 서 계셨던 그 모습이 선명하다. 그날 그는 자신의 건강 상태를 반쯤 농담처럼 이야기하셨고, 우리는 그 안에 숨은 불안을 알지 못한 채 같이 웃었다. 그 웃음이, 얼마나 애써 꺼낸 것이었는지 지금에서야 짐작된다.

작년에는 대만 한국어 교육계에서 존경받던 대선배님도 세상을 떠나셨다. 평생을 사명감과 열정으로 살아오셨고, 정년퇴직 후에는 가족과 평온한 시간을 보내고 싶다고 말씀하셨다. 그러나 퇴직 1년 뒤 발병했고, 2년간의 투병 끝에 세상을 떠나셨다.

그분들은 죽음의 문턱에서 무슨 생각을 하셨을까. 추모식에 앉아 나는 조용히 되물었다. 그 영혼들이 그 자리에 있었다면, 모니터에 차곡차곡 기록된 자신의 업적을 바라보며 무슨 말을 우리에게 전하고 싶었을까. 그들은 마지막에 깨달은 진리를 어쩌면 우리에게 달하고 있었는지도 모른다. 다만 주파수가 달라 우리가 그 소리를 듣지 못할 뿐.

『최선을 다하면 죽는다』라는 제목의 책이 세상에 나왔다. 아직 읽어 보지 못했지만, 그 말은, 아마도 설렁설렁 살라는 뜻이 아닐 것이다. 삶에는 여러 구간이 있다. 워밍업이 있고, 전력 질주가 있고, 속도를 늦춰야 할 시점도, 쉬어야 할 때도 있다.

그러나 우리는 종종 달리는 법만 배우고 멈추는 법은 배우지 못한다. 몸이 보내는 이상 신호를 감지하면서도 익숙한 생활 패턴을 고치지 못한다. 몸과 마음이 절규하는데도 그 소리를 외면하거나 듣지 못한다. 나 역시 그랬다.

50대에 접어들던 어느 날, 나는 갑자기 움직일 수 없는 몸이 되었다. 서는 것도, 걷는 것도, 누워 있는 것도 혼자서는 할 수 없게 되었다. 통증 속에서 나는 간절히 기도했다. 죽기 전 한 달쯤, 이 정도의 고통이 찾아온다면 그건 기꺼이 받아들이겠다고. 그러니 지금은 제발 나를 좀 놓아 달라고. 그리고 다짐했다. 앞으로는, 무엇보다 '건강'을 삶의 가장 앞줄에 세우겠노라고.

우리의 에너지는 배터리와 같다. 때로는 충전이 필요하고, 때로는 속도를 늦추어야 한다. 그래야 정작 필요한 순간, 온전히 나를 쏟아 낼 수 있다. '멈춤'은 결코 정지가 아니다. 그건 다음을 위한 충전이고, 다시 살아 내기 위한 숨 고르기다. 삶에 작은 틈을 내어 깊은 숨을 들이쉬고 나 자신과 마주하는 시간. 그것이야말로 유한한 에너지를 가장 지혜롭게 쓰는 방법임을 나는 뒤늦게 알게 되었다.

나는 오랫동안 '최선을 다하는 삶'이 가장 잘 사는 길이라 믿어 왔다. 무엇을 위해 달리는지, 어디로 향하는지조차 묻지 않은 채 그저 앞만 보며 달렸다. 어쩌면 채워지지 않는 마음을 일로 메우려 했을지도 모른다. 그런 나를 주인으로 둔 몸과 마음은 늘 무리했고, 버티고 또 버티다 결국은 무너지고 말았다.

이제는 그들에게 진심으로 사과하고 싶다. 그리고 다짐한다. 앞으로는 내면의 소리에 귀 기울이며, 느리게, 조심스럽게 살고 싶다.

• 부부라는 매듭을 풀어내다

　허겁지겁 집을 나섰던 날이, 아직도 어제 일처럼 선명하다. 문을 나서던 그 걸음에는 조급함과 두려움, 그리고 오래 참아 온 결심이 뒤엉켜 있었다. '허겁지겁'이라는 말이 꼭 들어맞는 순간이었지만, 그것은 결코 충동적인 선택이 아니었다.

　그로부터 1년하고도 8개월이 된 오늘, 24년간 '부부'라는 이름 아래 단단히 묶여 있던 매듭이 풀렸다. 1년 8개월 전 집을 나서던 그날, 나는 마음속으로 다짐했었다. 1년 후엔 정리하자고. 별거는 나에게 이혼을 준비하는 시간이었고, 네 사람-나, 남편, 두 아이-각자의 감정을 정리하는 여정이기도 했다.

　하지만 정해진 시간이 다가올수록 마음은 무거워졌다. 이혼을 결심하고도, 그와 마주 앉아 말을 꺼낼 생각만으로도 감정이 일렁였고, 내 안의 평화를 깨뜨릴 용기가 없었다.

'변호사를 통해야 하나? 문자로 먼저 말해 볼까? 아니면 단도직입적으로 마주 앉아야 할까?'

수많은 생각들이 떠올랐다가 사라지기를 반복했고, 1년 반이라는 시간이 어느새 흘러가 있었다.

그러던 중, 5월이 왔다. 대만의 종합소득세 신고 기간. 우리는 함께 신고를 했고, 그 일은 늘 그의 몫이었다. 그날도 나는 작년 수입과 세금 내역을 정리해 문자로 보내며, 조심스럽게 말을 꺼냈다. 의지라기보다, 무의식 깊은 곳에서 올라온 신호에 가까웠다.

"이번 소득세 신고, 마지막으로 같이 하고, 내년부터는 따로 하자."

"좋아."

그는 이유도 듣지 않았다. 나는 한 걸음 더 나아갔다.

"이제 우리 정리하자. 아이들 교육비나 생활비는 지금까지 해왔던 대로 할게. 당신 명의의 재산은 하나도 요구하지 않을게."

"좋아."

생각보다 빠르고 담담한 그의 대답에 순간 가슴이 먹먹해졌다. 정신을 가다듬고 예전에 미리 작성해 두었던 이혼합의서를 다시 열어 내용을 확인한 뒤 그에게 보냈다.

"읽어 보고, 수정할 부분 있으면 말해."

"문제없어."

"그럼 내가 서명해서 우편으로 보낼게. 서명한 뒤, 호정사무

소에서 만나자."

"알았어."

그토록 오래 망설였던 일이, 이렇게 순조롭게 정리될 줄은 몰랐다. 모든 일에는 때가 있다는 말처럼, 때가 되니 매듭이 스스로 풀리는 걸.

예전의 그는 이혼이라는 말에 완강했다. 1년 반 전, 내가 집을 나서려 할 때도 끝까지 반대했던 사람이다. 하지만 시간은 많은 것을 바꿔 놓았다. 별거 중에도 아이들은 별 탈 없이 잘 자라 주었고, 특히 둘째와의 관계를 걱정하던 그는 그 아이와도 원만한 관계를 유지해 왔다. 그래서 더 이상 반대할 이유가 없어졌고, 놓아주려 하는 걸까.

대만의 합의이혼에는 두 명의 증인이 필요하다. 나는 친한 동료 교수에게 조심스레 부탁했다. 그녀는 서류를 들여다보더니, 조심스럽게 물었다.

"이 조건… 정말 괜찮아요? 지금까지 아이들 교육비며 생활비 감당해 왔고, 앞으로도 그럴 텐데…. 재산을 하나도 요구하지 않아요?"

"그 재산에 미련을 두면 정리가 어려워져요. 안 받아도 살 수 있고요. 무엇이 내게 정말 소중한지, 이제는 잘 알거든요."

"그래도 보통은 자식 생각해서 조금은 챙기던데…. 그 사람이 재혼이라도 하면요?"

"행복하게 산다면 그 또한 다행이죠."

"재산을 새 배우자에게 넘기면요?"

"그건 그의 몫이죠. 그것까지 내가 염려할 이유는 없잖아요. 이제는 내 삶에만 집중하려고요."

그제야 그녀는 말없이 서명해 주었다.

요즘 나는 전생을 읽어 준다는 박진여 선생님의 영상을 자주 본다. 불교와 죽음학에 관심이 많았던 터라, 그분의 말이 낯설지 않게 다가왔다. 그에 따르면 부부의 인연은 우연이 아니라 전생 혹은 그 이전의 과제로부터 이어진다고 했다. 그렇다면 나는, 그 과제를 잘 풀어낸 것일까. 조금 더 일찍 그런 시선을 가졌더라면 덜 미워하고, 덜 아팠을까.

이제는 되돌릴 수 없다. 나는 지금, 내 방식대로 이 과제를 풀어 가기로 했다. 두 아이를 잘 돌보고, 내 몸과 마음을 잘 보살피며 살아가는 것. 그의 부모로부터 물려받은 재산에는 욕심내지 않겠다고 자신과 약속하는 것. 그리고 멀리서 그의 평온과 안녕을 빌어 주는 삶을 사는 것. 그것이 내가 선택한 과제를 푸는 방식이다.

대만의 합의이혼의 절차는 생각보다 간단했다. 서류 몇 장에 서명하자, 우리는 법적으로 남이 되었다.

"다음에 또 와야 하나요?"

"아니요, 오늘로 모두 정리되었습니다."

직원의 말은 담담했다.

돌아오는 길, 나는 그에게 말로 다 하지 못했던 마음을 속으로 되뇠다.

"외국인인 나와 함께 살아 줘서 고마웠어. 좋은 아내가 되고 싶었지만, 어느 순간부터 나는 당신에게 짐이 되어 버렸더라. 당신을 만나 두 아들 낳았고, 대만이라는 땅에서 좋은 직업도 얻었어. 정말 고마웠어. 앞으로 건강 챙기고, 나 보란 듯이 행복하게 지내.

그리고… 우리, 다음 생엔 만나지 말자. 당신을 향한 미움, 이제는 많이 내려놓았어. 그러니 다음 생에서 무엇을 갚으려 애쓰지 않아도 돼.

남은 생은 각자의 자리에서, 각자의 삶을 살아가자. 언젠가 시간이 지나면, 우린 웃으며 인사를 건넬 수 있겠지."

또다시 '시작' 앞에 서다

　인생은 끝없는 시작의 연속이라 했다. 나는 지금, 예순을 앞두고 또 한 번 그 '시작'의 문턱에 서 있다.

　새로운 출발 앞에서는 설렘과 불안이 어김없이 교차하지만, 지금의 나는 두려움보다 평온함이 더 크고, 그 속에서 조용한 설렘이 잔잔한 파도처럼 밀려온다. 어쩌면 이 평온은 수많은 고비를 넘으며 즈금씩 다져 온 '나 자신에 대한 신뢰' 덕분인지도 모르겠다.

　인생에는 정해진 답이 없다. 무엇이 옳고 그른지는 타인의 잣대가 아닌, 결국 내 마음과 시선이 결정할 뿐이다. 그렇다면 이제 펼쳐질 후반의 삶은 어떤 풍경일까.

　예순이든, 일흔이든 처음으로 걷는 미지의 길은 여전히 낯설다. 때로는 길 위에서 헤매고, 예상치 못한 갈림길에 서기도 하겠지. 그러나 이제는 그 끝이 보이지 않는다고 불안해하지는 않는다. 인생이란 어차피 걸으며 만들어 가는 여정이고, 내가 나아갈 길의 방향 역시 내 손으로 만들어 가면 되니까.

이제 나는 하루하루를 더 충실히 살아가려 한다. 스스로를 소중한 존재로 여기고 보살피며, 마음과 몸의 조화를 이루는 삶을 지향할 것이다. 평온한 내면을 유지하기 위해 오랜 시간 함께해 온 명상과 마음공부를 이어 가고, 건강한 몸을 위해 매일의 걷기와 음식 조절도 소홀히 하지 않을 것이다.

그리고 2년 전부터 해 오던 '돈 공부'도 이어 할 것이다. 자본주의 사회에서 살아가는 우리는 돈의 흐름을 이해하고, 나에게 맞는 방식으로 다루는 법을 배워야 한다. 배움에 늦은 시점이란 없다. 삶의 어느 시기든, 꼭 필요한 공부는 언제라도 다시 시작할 수 있다.

나의 이혼 소식을 듣고 지인들의 반응이 크게 둘로 나뉜다. 안타까워하며 위로하려는 부류와 오히려 잘됐다며 축하하는 부류다. 하나의 현상을 보고도 사람들의 해석은 이처럼 다르다.

이게 바로 인생이다. 우리 앞에 펼쳐진 현상은 그 자체로 나쁜 것만도, 좋은 것만도 아니다. 중요한 것은 내가 어떻게 바라보고 받아들이느냐다. 나는 이제, 오롯이 홀로 타국에서 내 인생의 주인이 되어 새로운 드라마를 써 보라는, 우주의 선물 같은 이 기회에 감사할 뿐이다.

에필로그

나는 날마다 나의 정원사로 살아갈 것이다

무일푼으로 꿈 하나 붙들고 낯선 땅에 발을 디딘 이유는 무엇이었을까. 수없이 아파 쓰러지고, 다시 일어서며 버텨 온 이유는 또 무엇이었을까.

나를 성장시키기 위해서.

그렇다면 성장해서 무엇을 할 건데?

성장하는 과정 속에서 성취감을 느끼고, 그 성취 속에서 행복을 찾기 위해서.

결국 우리가 하는 많은 일의 깊은 뿌리는, 행복에 닿고자 함일 것이다.

11년간의 유학 시절, 분명 성취감은 맛보았다. 그러나 그 시간 속에서 행복하다고 느낀 순간은 얼마나 되었을까. 대만에 와서 전임 교수로 일하며 조교수에서 부교수, 정교수로 승진했을 때 나는 행복했을까. 부끄럽지만, 그렇지 못했다.

홀로서기를 시작한 지도 곧 2년. 그동안 버려두었던 내 마음을 어루만지고, 과거를 정리하며 평정을 조금씩 되찾았다. 스스로에게 "이제 나는 행복하다."고 말하곤 했다.

그런데 며칠 전, 큰아들이 슬픈 표정으로 말했다.

"엄마, 말투가 화가 나 있는 것 같아."

작은아들도 자주 내 말투나 태도를 지적한다. 행복하다고 믿었던 나에게서, 왜 이런 짜증 섞인 거친 말투가 불쑥 튀어나오는 걸까.

돌아보니, 수많은 세월 동안 내 마음이라는 정원에 뿌려 온 씨앗은 초조, 긴장, 불만, 그리고 증오들이었다. 그런 씨앗에서 자라난 식물이 긍정적이고 건강할 리 없다. 그 씨앗들이 만든 사고 패턴이 깊은 무의식에 뿌리내리고 있었던 것이다. 지금은 서두를 필요도, 긴장할 필요도 없는 환경이지만, 내 무의식은 여전히 과거의 반응을 반복하고 있었다.

이제는 마음의 정원을 갈아엎을 때다. 그러나 땅을 뒤엎는 것만으로는 충분치 않다. 건강한 새싹이 돋고 자라기까지는 인내로 기다리며, 햇볕을 쬐게 하고, 물과 거름을 아끼지 않아야 한다.

행복은 고요하고 평온한 마음에서 찾아와 오래 머문다. 그렇기에 마음의 정원이 평정을 유지하도록 가꾸어야 한다. 한번 손질했다고 영원히 이어지는 법은 없다. 비가 내리고, 태풍이 들이닥치면 정원의 고요함은 순식간에 무너진다. 그럴 때마다 다시 정리하고 다듬어야 한다. 마음의 정원은 그렇게, 날마다 가꾸어야 하는 곳이다.

그리고 나는 이제야 안다. 행복은 멀리 있는 미래의 목표가 아니라, 매일의 순간 속에 뿌리내린다. 오늘 심은 작은 씨앗이 내일의 표정을 바꾸고, 그 표정이 또 다른 하루의 풍경을 바꾼다.

정원의 사계절은 삶의 흐름과 닮아 있다. 봄에는 새로운 시작을 알리는 연한 잎이 돋고, 여름에는 뜨거운 햇살 속에서 꽃이 피어난다. 가을에는 익어 가는 열매와 함께 감사가 찾아오고, 겨울에는 비바람을 견디며 다시 올 봄을 준비한다. 내 마음의 정원도 그 계절을 따라 숨 쉬며, 때로는 피어나고, 때로는 고요히 기다린다.

그래서 나는 오늘도 내 정원에 손을 댄다. 불필요한 잡초를 뽑고, 감사와 온기의 씨앗을 심는다. 언젠가 이 정원이 꽃과 열매로 가득 찼을 때, 그 속에서 나만이 아니라 곁에 있는 사람들까지도 함께 향기를 나누며 행복을 누리게 되리라 믿는다.

나는 날마다 나의 정원사로 살아갈 것이다.

다시, 나로 빚어지는 중입니다

초판 1쇄 인쇄일 2025년 10월 27일
초판 1쇄 발행일 2025년 11월 05일

지 은 이 이경보
펴 낸 이 양옥매
디 자 인 표지혜
마 케 팅 송용호
교　　정 조준경

펴낸곳 도서출판 책과나무
출판등록 제2012-000376
주소 서울특별시 마포구 방울내로 79 이노빌딩 302호
대표전화 02.372.1537　**팩스** 02.372.1538
이메일 booknamu2007@naver.com
홈페이지 www.booknamu.com
ISBN 979-11-6752-702-8 (03800)

* 저작권법에 의해 보호를 받는 저작물이므로 저자와 출판사의 동의 없이 내용의 일부를 인용하거나 발췌하는 것을 금합니다.
* 파손된 책은 구입처에서 교환해 드립니다.
* 이 도서는 마포 브랜드 서체(Mapo 금빛나루)를 사용했습니다.